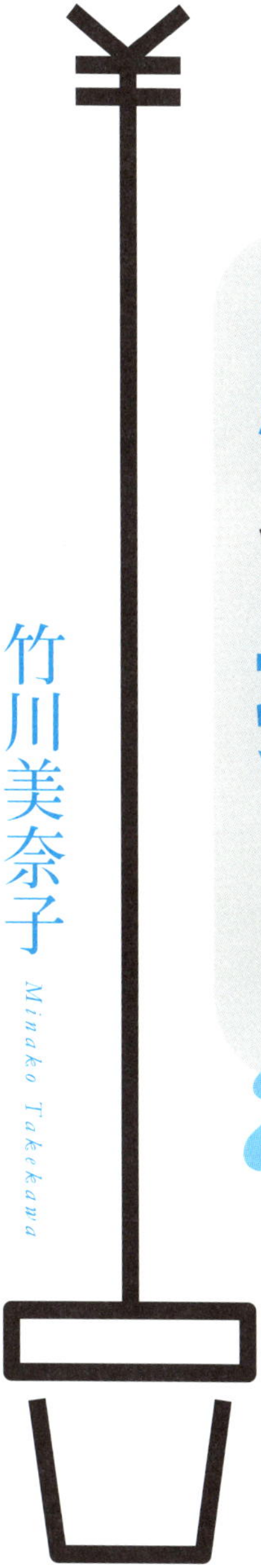

臆病な人でもうまくいく投資法

お金の悩みから解放された11人の投信投資家の話

竹川美奈子
Minako Takekawa

臆病な人でもうまくいく投資法

お金の悩みから解放された11人の投信投資家の話

突然ですが、1つ質問です。
あなたは、次の中で当てはまるものがありますか?

□老後に対して、漠然とした不安がある。
□将来結婚したい人がいるので、お金を貯めたい。
□子どもが生まれ、教育資金を準備する必要を感じている。
□将来、家を買いたいと思っている。
□会社で確定拠出年金が導入された。

□そろそろ老後資金を準備しなくてはと思っている。

□お給料がふえたので、お金の運用について知りたい。

□最近、まとまったお金が出ていく出来事があった。

□セカンドライフに、移住を考えている。

□年老いた両親に楽をさせたい。

□会社勤めから解放されたい。

□趣味を思う存分、楽しみたい。

このうち１つでも当てはまるものがあれば、
あなたは
「お金」について
じっくり考える必要があると思います。

なぜなら、

何か実現したいことがあるとき、
自分にとって大事な人ができたとき、
人生の転機が訪れたとき、
将来の不安を取り除きたいとき、

**お金は、私たちにとって
頼りになる
「道具」の１つになるからです。**

あなたにとって、必要なお金があれば、
あなたの将来の選択肢
——誰と、どこに住んで、どんな働き方・暮らしをするか——
はぐんと広がります。

想い描く未来に近づくために、
これから
ふつうの人が実践している
お金との「付き合い方」
お金の「ふやし方」について、
お話ししていきたいと思います。

はじめに　投資をこわいと思っているあなたへ

　自分や家族の将来について漠然とした不安を感じていて、「何らかのかたちでお金をふやさなくては」と考えている方は多いと思います。ただ、そう思っても、現実には金融資産の大部分を利息のほとんどつかない銀行の普通預金に預けているという人がほとんどではないでしょうか。

お金をふやすには、まずはしっかり働いて本業で稼ぎ、ムダを省いて支出を抑えること。そして、お金にも働いてもらう「投資」という発想を、これからの人生に取り入れる必要があります。

　投資というと、特別な人が行うもの、自分とは関係ないものと考える人が多いようです。周囲を見渡しても、投資をしている人はまだまだ少数派ですし、「投資はギャンブル」「投資はお金持ちのするもの」といったイメージをもつ人も少なくありません。

　多くの人が抱く投資家は、株や為替を比較的短期間に売り買いして利益を上げる――

―そんなイメージがあるようです。短期的な値動きだけに注目して1日に何度も株や為替を売り買いする手法は投資というよりは「投機」に近いもの。本書で提案する資産形成とは一線を画します。

　本来の投資は企業の成長にお金を投じるものです。企業がいい商品やサービスを生み出して社会に必要とされれば、その企業の売り上げ・利益も伸びて、投資した私たちにも利益が還元されるわけです。そういう意味では、本来の投資はギャンブルとは違います。

それに、投資を始めるのに、それほど多くのお金は必要ありません。たとえば、「投資信託」という金融商品を使えば、1万円程度から投資をすることが可能です。詳しくは第1章でご説明しますが、投資信託というのはたくさんの投資家から集めたお金を1つにまとめて、それを運用担当者が株式や債券などに分散投資をする金融商品のことです。

　投資信託は一括で購入する方法のほかに、「積み立て」といって毎月一定の金額を自動的に購入していくこともできます。この方法を使うと、1つの商品を500円や1000円といったさらに少ない金額から毎月買っていくこともできます。**投資は決**

してお金持ちの人だけが行うものではないのです。

そんななか、最近は従来の投資家像とは異なる投資家も、少しずつですが、ふえてきました。投資信託などを活用し、長期でじっくり資産形成に取り組む人たちです。長期でじっくり資産形成に取り組む投資方法のことを、本書では「コツコツ投資」と呼びたいと思います。

本書では、コツコツ投資を実践している11人が登場します。彼・彼女たちは投資が趣味でも、仕事でもない、ふつうのビジネスパーソンです。どのようなきっかけで投資を始めたのか、どのように投資のハードルを飛び越えたのか、日常生活の中でどのように投資と付き合っているのか、実際に投資をしてみて感じたことは何か——などを語っていただきました。

こうした個人投資家の事例を紹介しながら、同時に、筆者が基礎的な知識を解説しています。一緒に読むことで、コツコツ投資の基礎がひととおり学べる構成になっています。

第1章では、まず投資信託を活用して長期でじっくり資産形成をする「コツコツ投資」に関する基礎知識を解説します。

第2章から第5章まではコツコツ投資家さんたちの素顔をご紹介していきます。第2章では手数料の低いインデックスファンドを組み合わせて、主に積み立て投資を実践している人たちをご紹介します。

第3章では株式や債券などにまとめて投資することが可能なバランス型の投資信託をメインに活用している人たちの事例をご紹介します。最初からバランス型投信に投資をした人もいれば、紆余曲折を経てこの方法にたどり着いた人もいます。

第4章では勤務先の会社で企業型確定拠出年金が導入されたことで、投資について真剣に向き合うようになった人たちをご紹介します。私たちにとってたいへんお得な制度である確定拠出年金に関する基礎知識と活用法も、同時に理解できるようになっています。

そして、第5章ではインデックス運用を中心とした投資に加えて、会社を選んで投資したり、投資哲学や運用スタイルに共感したアクティブファンドを保有したりしている人たちをご紹介します。

最後の第6章ではQ&A方式でコツコツ投資を始める人が知っておきたい疑問点について解説しています。

本書をお読みいただくとわかりますが、投資との付き合い方は一人ひとり異なりますし、そこにたどり着くまでにはその人なりのストーリーがあります。**自分と同じような立場の人たちがどう考えて行動したのかは、皆さんがこれから投資を考えるうえで参考になることも多いはずです。**第2章から第5章までの事例は、順を追ってお読みいただくとわかりやすいと思いますが、自分と立場が似ている人、あるいは気になる人がいたら、そこから先に読み進めてもよいでしょう。

以前に比べると、今は格段に「少額から」投資を始めやすい環境が整ってきました。そして、法律が改正されると、20歳以上の国民のほぼ全員が個人型確定拠出年金に加入できるようになる見通しで、老後に向けた資産形成をサポートする制度も整備されつつあります。せっかくなら、早い時期から、賢く活用したいものです。

本書を読んで、長期でじっくり金融資産を育ててみようと少しでも思っていただけるとうれしいです。

2016年1月

竹川　美奈子

目次

臆病な人でもうまくいく投資法

お金の悩みから解放された11人の投信投資家の話

第1章 投資信託を使った積み立て投資はなぜ、最適の資産形成法なのか？

第2章 低コストのインデックスファンドを組み合わせて、世界に丸ごと分散投資する方法

第3章 たった1本保有するだけで、簡単&手軽に国際分散投資ができるバランス型投信の活用法

第4章 「非課税」という武器を最大限に生かす確定拠出年金を使った投資法

第5章 自分が応援したい会社や事業を投資家という立場でサポートし、長期的なリターンを得る方法

第6章 コツコツ投資を始める前に押さえておきたい7つのこと

第1章

投資信託を使った積み立て投資はなぜ、最適の資産形成法なのか?

投資と付き合うかどうかで将来大きな差がつく！

今やふつうの人も、日々の生活を通して「投資」とお付き合いしていく時代になっています。たとえば、すでに会社員の約6・6人に1人は勤務先で企業型確定拠出年金（以下、企業型DC）が導入されていて、これからさらにふえる見通しです。

以前であれば、将来受け取る退職金や企業年金は会社がその運用を担ってくれたので、私たちは仕事に専念していればよかったわけです。ところが、2001年に確定拠出年金という制度がスタートしたことで、その常識は一変します。企業型DCの場合、会社は掛金を出してくれますが、預金や保険商品、投資信託[01]の中から、商品を選択して運用をしていくのは加入者（つまり私たち）です。そして、**運用成果によって、将来受け取る退職金には大きな差がつきます。**

野村総合研究所が実施した「確定拠出年金の利用実態調査（2015年3月）」によれば、確定拠出年金で運用している人のうち、全体の31％の人が運用資産における

[01] **投資信託**
たくさんの投資家から集めたお金を1つにまとめて、運用担当者が株式や債券などに分散投資をする金融商品のこと。

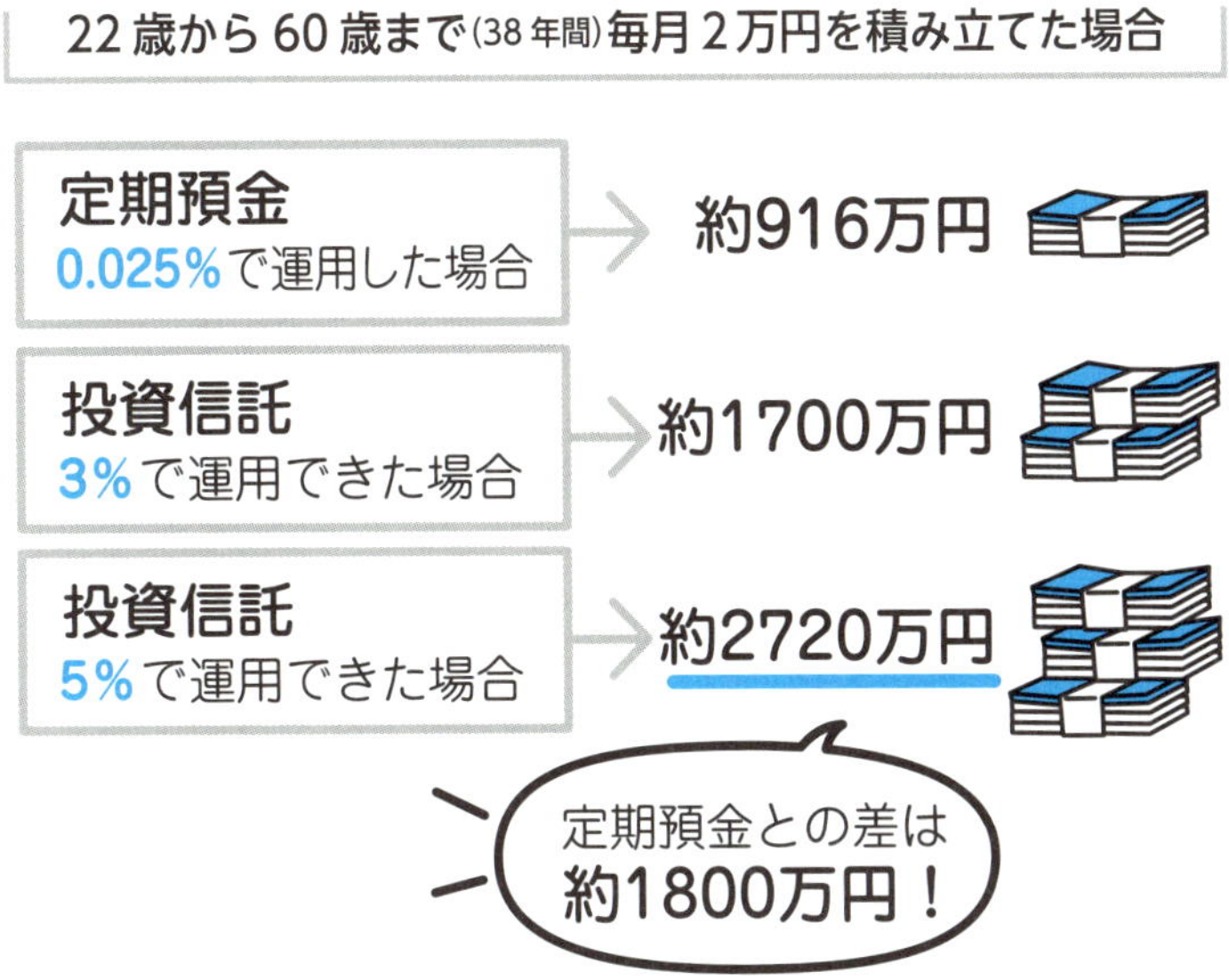

投資信託の比率が0%でした。つまり、運用資産のすべてを預金や保険といった元本確保型の商品で運用しているのです。しかも若い世代ほど、元本確保型の預金などに預けている比率が高くなっています。**加入者が100%預金で運用した場合、現状では1%の利回りすら確保できていません。**

大学を卒業して会社に入り、22歳から60歳まで企業型DCに加入して、将来の退職金を運用していくとします。仮に毎月の掛金2万円をすべて預金で運用すると（金利は0・025%とする）、退職金は約916万円です。一方、投資信託などを活用し、仮に年3％で運用できた場合は約1700万円になります。5％で運用できた場合には約2720万円です。実際には投資信託の価格は変動するので、このとおりの結果になるわけではありませんが、**長期的にみたら、将来の退職金に相当の差がつくことは確かです。**

これまで自営業の人と、職場に企業年金のない会社員に加入が限定されてきた「個人型確定拠出年金（以下、個人型ＤＣ）[02]」も、法律が改正されると勤務先に企業年金のある会社員や公務員、専業主婦も含めて、国民のほぼ全員が加入できるようになる見通しです。これからは誰もがそうした制度を活用して、長期的な視点で投資と付き合っていくことになります。

２０１５年4月に、ＩＣＩ（米国投資信託協会）主催の「グローバル退職貯蓄サミット―日本および海外での状況」と題したイベントに参加する機会がありました。先進国の寿命が延びるなか、退職に向けた資産形成、そして給付のあり方は世界的なテーマとなっています。大きな流れとしては、国の財政負担には限界があり、「制度（＝資産形成をするうえでの枠組み）はつくるから、自分たちで自助努力をしてください」という方向に進んでいくことは間違いないでしょう。

[02] 個人型DC
加入者本人が毎月掛金を払い、自分で商品（預金や保険、投資信託）や配分を決めて運用していき、原則60歳以降に運用成果に応じた金額を受け取る制度。税制優遇が手厚いので老後に向けた資産形成が目的なら優先的に利用したい。

これからは「自分のお金は、自分でマネジメントする」という意識をもつことがますます必要な時代になります。もっというと、人生を通してお金の管理を行い、長期的な視点で金融資産を育てていく（＝資産運用）という意識です。そして、その中に少しだけ、投資という視点を加えてほしいと思っています。投資を加えるかどうかで、将来のお金の育ち方が大きく変わってくるからです。

投資信託を使ったコツコツ投資で長期でじっくり資産をふやす

さて、ひと口に投資といってもいろいろな投資対象、スタイルがあります。私が住んでいる東京では、毎週のように投資に関するセミナーが開催されています。株式投資や投資信託、不動産、ＦＸ（外国為替証拠金取引）、金など、投資対象はさまざま。投資手法も短期のトレーディングから企業の業績を重視した投資、株価チャートを参考にするものまで、本当にいろいろなものがあります。

その中で何を選択するかは個人の自由です。

ただ、皆さんの本業は仕事です。ビジネスパーソンが長期的に金融資産をふやすには、

- **しっかり働く（＝本業で稼ぐ）**
- **支出を抑える（＝ムダを省く）**
- **貯蓄＋投資をする**

という3つのバランスが大切です。

日々為替の動向を追いかけたり、将来有望な銘柄を発掘したり、複雑な金融商品について調べたりする。そして「これから何が上がるの？」「何を買ったら儲かるの？」ということを四六時中考えて、短期で売り買いする――こうした従来のイメージから脱して、じっくり投資を続けるというスタンスに立てば、生活の一部として、投資と長く付き合っていけると思うのです。

そして実際に、最近では長期でじっくり投資に取り組む人たちもじわじわとふえてきています。**長期でじっくり投資に取り組む方法のことを、本書では「コツコツ投資」と呼びます。**コツコツ投資についてとくに明確な定義は存在しませんが、私なりにまとめると、次のようになります。

❸TOPIX（東証株価指数）
東京証券取引所第1部に上場するすべての銘柄を対象とした

- **未来のために、無理のない範囲で、世界中の企業に自分のお金を分散する**
- **そして、長い目でゆったり資産を育てていく**
- **こうした運用をするためのツールとして、たとえば、手数料の安いインデックスファンドを活用し、コツコツと積み立て投資を行う**

インデックスファンドについては後述しますが、簡単にいうと、特定の指数（インデックス）など、あらかじめ定めた目標に連動する運用成果をめざす投資信託のことをさします。たとえば日本株なら、ＴＯＰＩＸ（東証株価指数）[03]や日経平均株価[04]といった代表的な株価指数に連動した動きをめざす投資信託などがそれにあたります。いわば**「市場全体の動き（平均値）」に投資する方法です。**

もっとも、コツコツ投資にはもう少し幅があります。投資をしている人たちに接すると、必ずしもインデックスファンドに「限定」して投資をしている人ばかりではありません。たとえば、金融資産の一部を個別の株式に投資したり、投資哲学や運用スタイルに共感するアクティブファンド[05]を保有したりしている人もいます。あるいは、まとまったお金があるので一括で投資をしている人や、積み立てのシステムを使わず

株価指数。１９６８年１月４日の時価総額を１００として、その後の時価総額を指数化したもの。

[04] **日経平均株価**
日本を代表する２２５社の株価の動きを示す。２２５社の株価の平均をベースに算出。

[05] **アクティブファンド**
インデックスファンドが市場全体に投資をするのに対し、アクティブファンドは一定の決まり（投資哲学や投資プロセスなど）に基づいて投資する会社などを選んで運用する投資信託。投資先の選別を行う分、手数料はインデックスファンドに比べて高め。

に購入するタイミングを自分で決めている人もいます。そう、実際にはいろいろなタイプのコツコツ投資家がいるのです。

そうはいっても、これから投資を始めようという人は最初に「基本の型」を理解することが必要です。まずはコツコツ投資の基本をお話しします。

先進国の会社から新興国の会社まで、自分のお金を世界中に幅広く投資する

1つめのポイントは「**分散**」です。たとえば、世界地図や地球儀を眺めながら、自分の金融資産を長期にわたって、どこに置いておくかという視点で考えてみます。

今や経済はグローバル化しています。文房具やキッチン用品、そして家電製品にいたるまで、毎日使っているさまざまな商品やサービスは、私たちの手に渡るまでにはいろいろな国・企業・人の力を経ています。

そうした世界中の企業の株をもち（＝オーナーになり）、長期的にそれらの企業が生み出す財やサービスの価値が向上していけば、それにともなってその企業の価値も

世界中の会社に自分のお金を置いておく

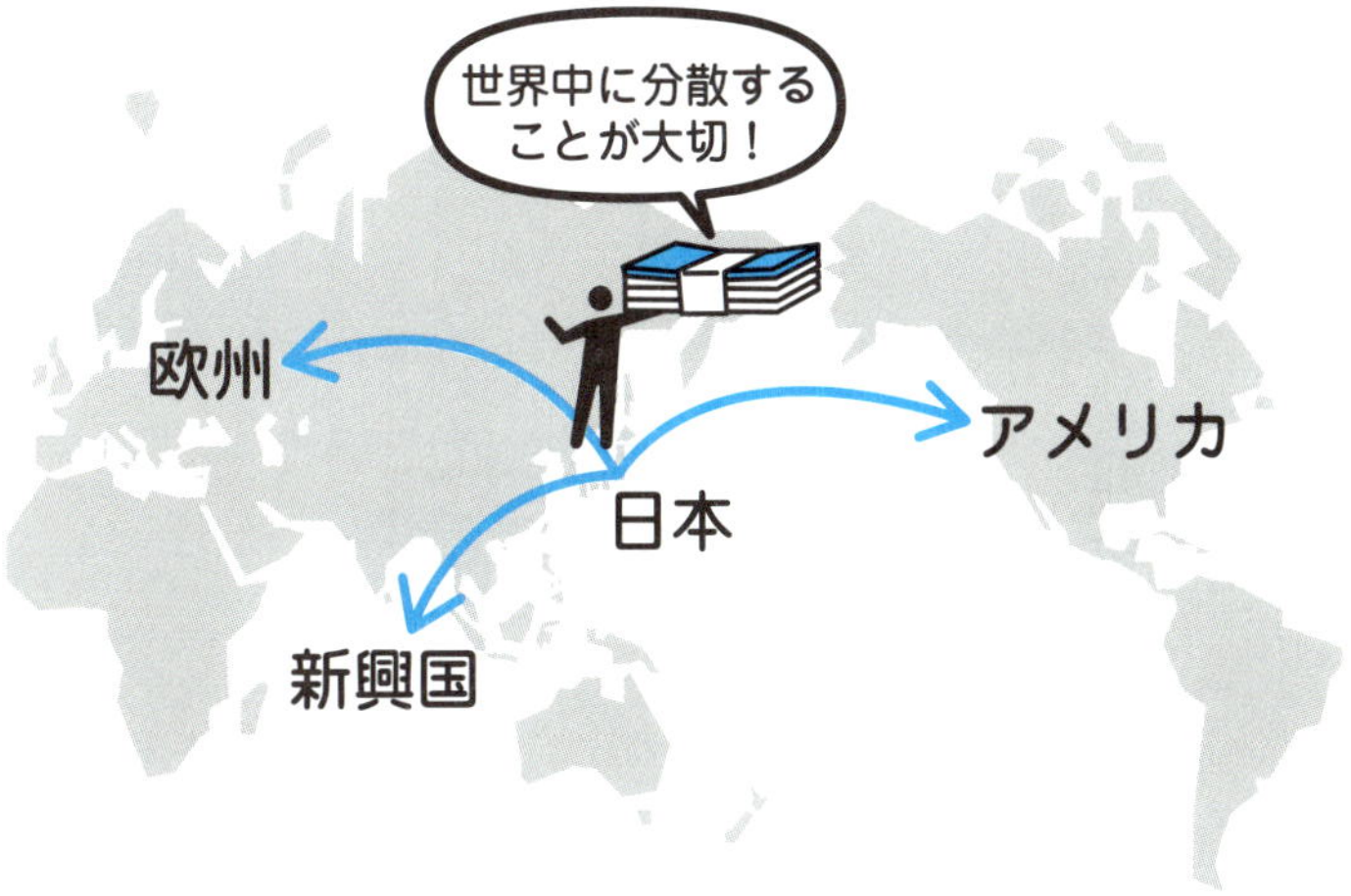

向上していきます。その結果、売り上げが伸び、利益もふえれば、会社の株価が上がったり、配当というかたちでお金がもらえたりという恩恵を享受できるわけです。

　ですから、**日本だけでなく、アメリカやイギリス、フランスといった先進国の会社から、新興国の会社まで、世界中の会社に幅広く投資することを意識したほうがいいのです。**

　もっとも、世界中の会社に投資するといっても、自分一人でアメリカのアップルや日本のトヨタ自動車など、一社一社の株を買おうとしたら、莫大なお金が必要になってしまいま

投資信託のしくみ

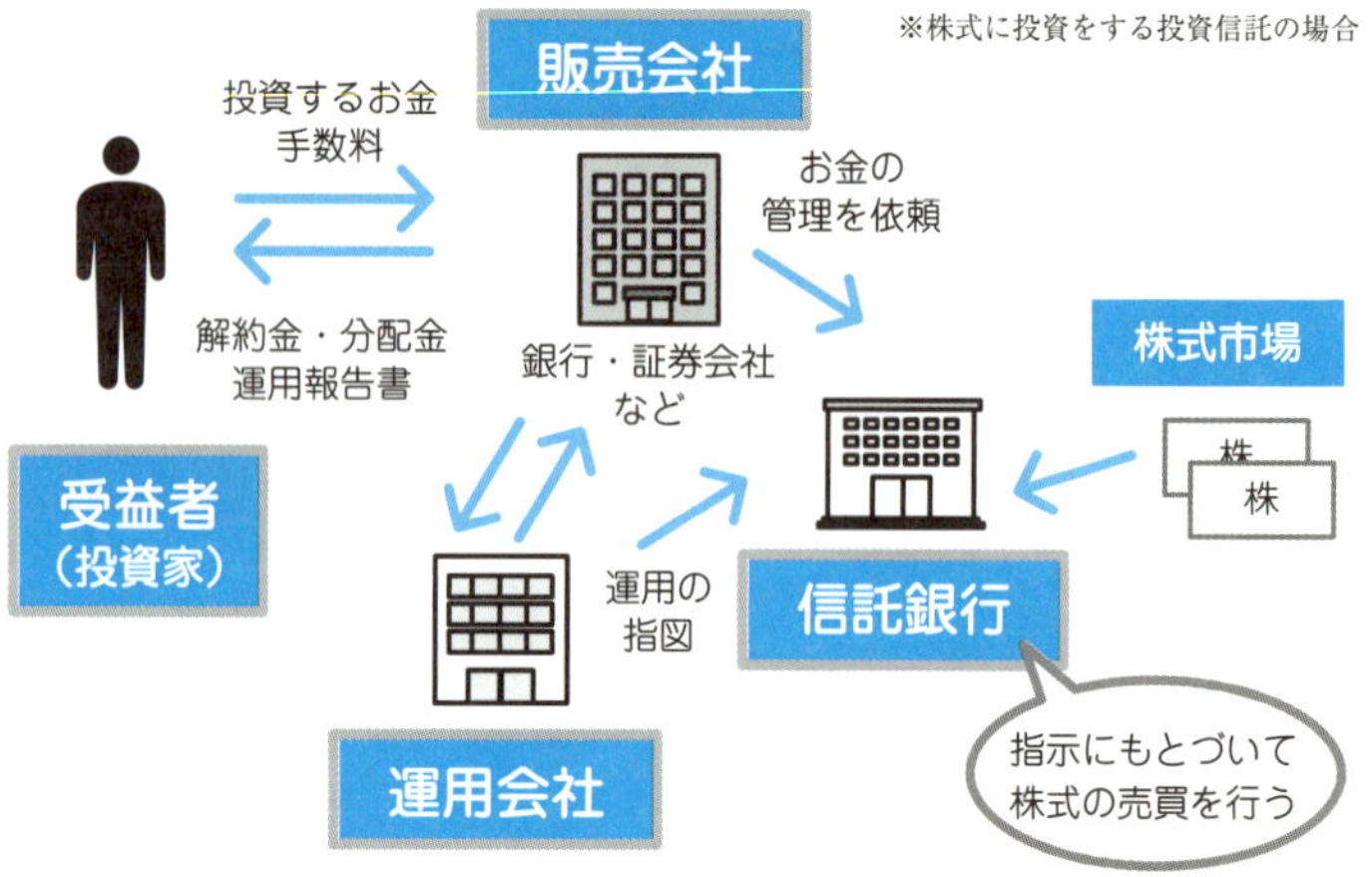

投資家から販売会社を通じて集めたお金を、運用会社が運用。
資産は信託銀行が管理する。

す。そこで、投資信託という商品を活用することで、たくさんの会社にまとめて投資をするのが現実的です。

投資信託とは、たくさんの投資家からお金を集めて、それを運用担当者がまとめて株式や債券[06]などに分散投資をする金融商品のことです。

運用会社が投資信託の設定・運用を行い、信託銀行が投資家から集めたお金を管理し、販売会社が投資信託を販売するというふうに役割を分担しています。これが一般的なしくみですが、一部、運用する会社が直接、投資家に投信を販売をする「直販」[07]という形式をとるケースもあり

[06] **債券**
国や会社などにお金を貸す代わりに発行してもらう借用書のようなもの。

[07] **直販**
投資信託を設定・運用する運用会社が、証券会社や銀行といった販売会社を通さずに、個人に販売する形式をとるもの。たとえば、野菜のつくり手が直接消費者に販売する「産地直送」と同様、投資信託もつくり手が直接、消費者である個人投資家に販売する。

ます。

私たち一人ひとりが投資資金として出せるお金はそれほど多くなくても、**たくさんの投資家から集めた数百億円、数千億円規模のお金なら、個人では手が届かない地域や国の、たくさんの株式や債券にも投資できます。**

投信は、運用の専門家が一定の目的に沿って投資信託という「器」にたくさんの株式や債券などを入れる「詰め合わせ」というふうにイメージしてください。

私たち投資家は、この詰め合わせを1万円程度から購入することができますし、積み立てという方法を使えば、金融機関によっては1商品につき500円や1000円から購入できます。そして運用成果に応じて、投資した人に収益が分配されます。投資信託は、投信とかファンドと略して呼ばれることもあります。

長い時間をかけてじっくりお金を大きく育てる

2つめのポイントは**「長期」**です。コツコツ投資では、じっくり長い時間をかけて、なるべく無理せず、価格が変動するリスク資産の割合をふやしていきます。

ここでいう「長期」には2つの意味があります。

1つは、資産形成を考えるうえでは短期的な値動きに一喜一憂するのではなく、長期的な視点で考えることが大切ですよ、ということです。

もう1つは、企業が成長するには一定の時間が必要なので、長期的な視点で構えようということです。企業の成長の果実を得るには、それなりの時間が必要です。

たとえば、株式に投資する投資信託を購入したとします。投資したお金は運用会社を通じて、たくさんの会社に投資されます。私たちは投資信託を通じて会社の株を買い、そして保有することになります。個別の会社に直接投資しても、投資信託を通して企業に投資をしても、会社の「株式」を保有することで、新しい製品やサービスによる価値創造のお手伝いをする（もっというと当事者の1人になる）わけです。

会社は新しい工場をつくったり、機械を買ったりして、新しい製品やサービスを生み出します。社会にとって便利な商品や、役に立つサービスを提供することができれば、売り上げも上がり、利益もふえていくはずです。

投資信託は会社の株がたくさん入った「詰め合わせ」でしたよね。**投信という器にそうした会社がたくさん入っていれば、長期的に投資信託の価格[08]も上がっていきます。**[08]株価は日々刻々と変動しますが、会社が生み出す価値は時間をかけてゆっくり醸成されるものです。企業が成長するにも、その果実を分け合うためにも、それなりの時間がかかります。

ですから、長期的な視点で「じっくり」「ゆったり」が基本となります。短期的な株価の変動だけに目を向けると「こわい」という気持ちが頭をもたげますが、その裏には会社という存在があることを心に留めておきたいものです。

手元に置いておくお金と投資するお金のバランスは？

長い人生を通して投資と付き合っていくためには、「無理のない範囲で」というのが大前提です。考え方の手順を次ページの図にまとめました。

[08] **投資信託の価格**
投信の値段のことを基準価額（きじゅんかがく）という。

無理のない範囲で投資をスタート

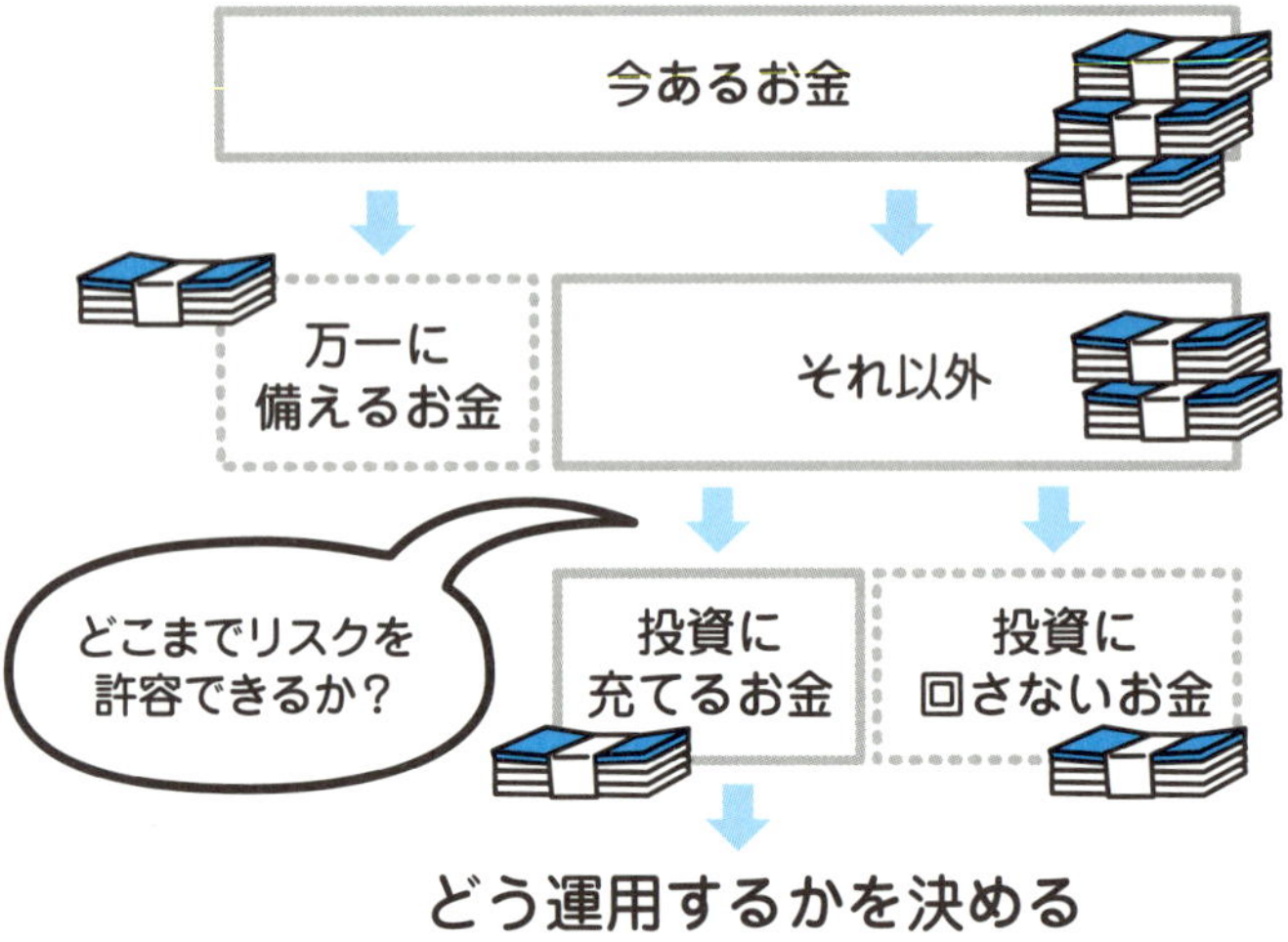

①非常用資金（生活防衛資金）を確保する

投資を始める前に、まずは「非常用資金」を確保します（生活防衛資金ともいいます）。たとえば、会社の倒産やリストラなどによる失職のほか、治療に時間がかかる病気になる、天災に見舞われるなどといった不測の事態が起こったときに備えるお金と考えてください。

そうした事態に備えて、非常用資金を値動きをしない・換金しやすい預貯金などの安全資産に置いておきます。最低でも生活費の6カ月分程度、自営業の人は1年分くらい準備しておくと安心です。2001年に出版された『投資戦略の発想法―ゆっくり確実に金持ちになろう』（木村剛著）という本に「生活防衛資金は生活費の2年分を確保」と記載されていたことから、それを目安にしている投資家もいます。

ただ、こうした目安はあくまでも一般論です。**非常用資金については、属性――たとえば未婚か既婚か、共働きか片働きか、子どもの有無、賃貸か持ち家か、ローンの有無、いざというときに頼れる人がいるかどうか、などによって必要額は異なります。**この機会に「ひと月いくらあれば生活できるのか」を含め、我が家のリスク耐久性について一度きちんと考えてみましょう。

非常用資金の預け先としては、銀行の普通預金や貯蓄預金のほか、証券会社のMRF[09]（マネー・リザーブ・ファンド）やMMF[10]（マネー・マネージメント・ファンド）が候補になります。

MMFとMRFのメリットは、投資信託の扱いになるので資産が分別管理されていることです。運用会社や販売会社（証券会社・銀行など）、財産を管理する信託銀行のいずれかが破たんしても、財産が保護されるしくみになっています。また、非常用

[09] **MRF**
証券会社の普通預金のようなもので、毎日お金の出し入れができる。

[10] **MMF**
国内外の短期の金融商品を中心に運用する商品で、買い付けから30日経過すると手数料なしで換金できる。

資金以外にも、「4年後に使う教育資金」のように、数年先に用途が決まっていて減らしてはいけないお金についても安全性の高い商品で運用することをおすすめします。

②投資に振り向けるお金とそれ以外のお金に分ける

非常用資金と数年後に使う予定のお金を確保したら、残ったお金を「投資に振り向けるお金（リスク資産）」と「それ以外のお金（安全資産）」に分けます。

投資に振り向ける金額を決めるときの物差しとなるのが「リスク許容度」です。これは、どれだけのリスクを許容できるかという最大損失許容額のことです。リスク許容度を考えるときには、経済的な面と精神的な面の両方に目を向けることが大切です。とくに初心者は、精神的に耐えられる（心が折れない）金額か、という点を意識するといいでしょう。

投資の世界で大切なのは、短期的な価格変動を受け入れて、長期的なリターンを享受することです。ところが、短期的な価格変動や一時的に大きく下げる局面で、精神的に耐えられず売ってしまい、損失を確定してしまう人が多いのです。

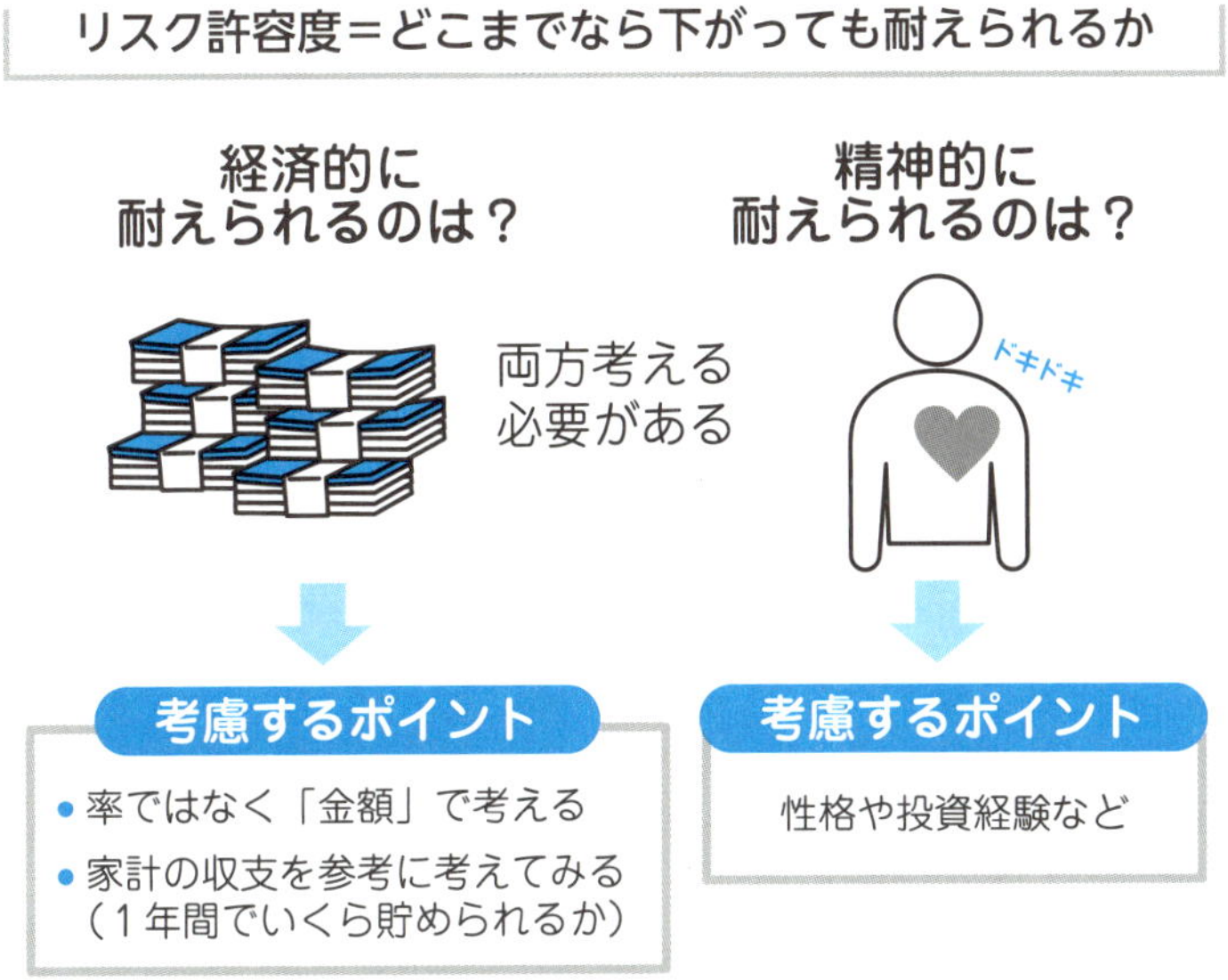
リスク許容度＝どこまでなら下がっても耐えられるか
経済的に
耐えられるのは？
精神的に
耐えられるのは？
両方考える
必要がある
ドキドキ
考慮するポイント
● 率ではなく「金額」で考える
● 家計の収支を参考に考えてみる
（１年間でいくら貯められるか）
考慮するポイント
性格や投資経験など

投資先が値下がりして含み損を抱えている状態だとして、あなたが経済的に耐えられる金額はどれくらいでしょうか。これを考えるときにヒントになるのが、「1年間に貯蓄や投資に回せる金額」です。

仮に手取り収入から支出を引いた収支（1年間に貯蓄や投資に回せる金額）がプラス100万円だったら、許容できる最大損失額は100万円が目安になります。

というのも、仮に100万円の含み損を抱えていたとしても、年間100万円を新たな貯蓄・投資用のお金として投入できるわけですから、

1年後の金融資産が極端に減ってしまうことを避けられるからです。

たとえば、2008年のリーマン・ショック[11]の際、日本株式、外国株式、日本債券、外国債券の4つの資産に均等に投資していたら、一時的に最大3割程度お金が減りました。ということは、耐えられる最大損失額が100万円という人なら、100万円÷0・3≒333・3万円となり、投資してもよいお金の上限は333万円になります。

ただし、これはあくまでも上限額です。まだ若くこれから稼ぐ能力が十分にある人や、多少の損失には耐えられる精神的に強い人なら、約333万円まで目一杯投資してもいいかもしれません。

でも、あまり投資経験がない方は、上限まで投資してしまうと、精神的に厳しいかもしれません。そのような人は、最大損失額の半分とか3分の1程度を損失許容額に設定すればいいでしょう。たとえば、最大損失額が100万円の人がその半分の50万円を損失許容額に設定すると、50万円÷0・3≒166万6666円となり、実際に投資していいお金の上限は約166万円になります。

株式だけに投資すると、価格はもっと変動することがあります。リーマン・ショックでは、先進国株式と日本株式はともに5割くらい値下がりしました。

[11] **リーマン・ショック**
米国の投資銀行リーマン・ブラザースが破たんし、世界的な金融危機となり、日本をはじめ世界的に株が暴落した出来事。

ですから、株式だけに投資する場合は、最大5割くらい下がるという想定を立てて、値下がりはいくらまで耐えられるかについて考えておく必要があります。

このように、**許容できる損失について考える際は、何パーセントまで下落しても大丈夫かという「率」で捉えるのではなく、いくらの損までなら耐えられるかという「金額」でイメージすることが大事です。**

ただし、今あるお金をまとめて投資に振り向けるのは不安だという方は、今あるお金はそのまま預金などの安全資産に置いておき、これから積み立てていく分だけを投資に充てるという選択肢もあります。積み立てという方法については、51ページ以降でご説明します。

最初から無理をする必要はなく、徐々に投資する金額をふやしていけばいいのです。

③おおまかな資産配分（アセット・アロケーション）を決める

投資に振り向けるお金をどう運用するかを考えます。ざっくりとでもよいので、**「資産配分（アセット・アロケーション）」**を決めましょう。

資産配分というのは、どういう資産クラスに、どの程度の割合で投資資金を割り振

組み合わせの比率に応じたリスクとリターン

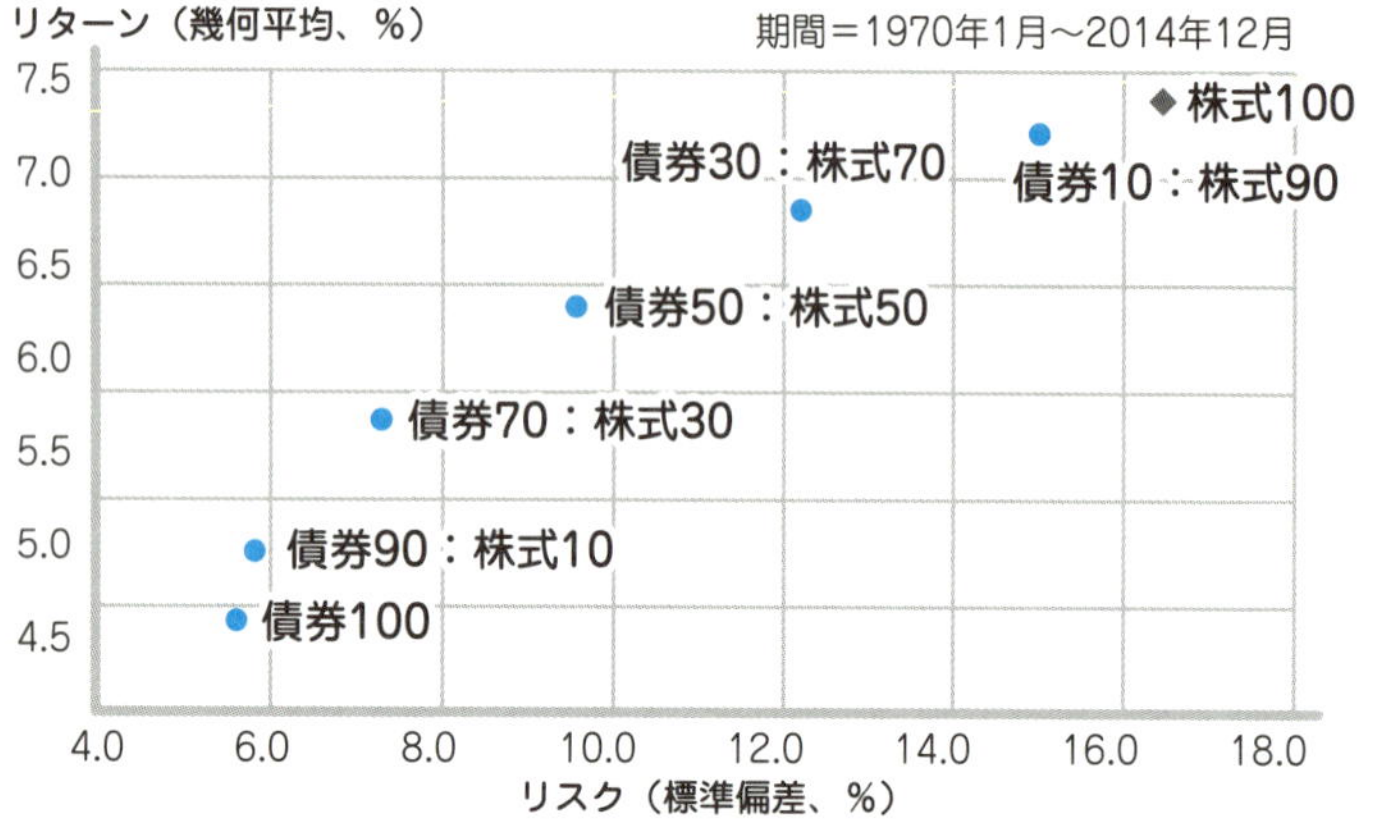

※各ポートフォリオは毎月末にリバランス、国内と海外の比率は半々としている

<出所> 国内株式：東証一部時価総額加重平均収益率、外国株式：MSCI コクサイ（グロス、円ベース）、国内債券：野村 BPI 総合、外国債券：1984 年以前はイボットソン・アソシエイツ・ジャパン外国債券ポートフォリオ（円ベース）、1985 年 1 月以降はシティ世界国債（除く日本、円ベース）

るか、を決めることです。

具体的には、次の①〜⑤の5つの資産クラスにどう配分するかということになります（一部、⑥と⑦を加えてもよいでしょう）。バラバラに動く複数の資産を組み合わせることで、金融資産全体のリスク（値動き）を抑えることができます。

＜主な資産クラス＞

①日本株式

②外国株式（先進国、新興国）

③日本債券

④外国債券

⑤現預金・MRFなど

⑥国内REIT《リート》⑫（上場不動産投信）
⑦海外REIT

株式や債券といった資産クラスをどう組み合わせるかによって、どのくらい価格が変動するかは異なります。右の図は、株式と債券をさまざまな比率で組み合わせたときのリスクとリターンの数値を示したグラフです。

ここでいうリスクとは「危険」という意味ではなく、「期待されるリターンが変動する幅」のこと。要は、価格が上がったり下がったりするときの変動幅だと思ってください。ふつうのときでも、期待リターンの数値を基点にリスク（標準偏差という）で表示された数値の2倍くらいは上下に動きます。たとえば、リスクが10％なら、その2倍の20％は上下に振れる、とイメージできます（第6章223ページ参照）。

運用期間を長くとれる人は株式を中心に投信で長期運用

長期での運用を考えた場合、まず基本となるのは株式です。株式は、長期的には債

⑫ REIT
投資家から集めたお金で複数の不動産を購入し、不動産から得られる家賃収入などを分配金のかたちで投資家に還元する商品のこと。

券よりも高いリターンをもたらしてくれる可能性が高いからです。

ただ、長期的に価値が向上していくとしても、短期的には株価は大きく変動することもあります。

そこで1つめの対策として、**投資に振り向けるお金（リスク資産）の額で調整する**ことがあります。たとえば、投資する金額を少なくすれば、金融資産全体の変動は抑えられます。2つめの対策は、**株式を下支えする存在として債券などを一緒に保有しておく**ことです。債券の値動きは、株式ほど大きくないからです。ただし、世界的に金利が低い時期は、債券をたくさん保有するのはあまり得策ではありません。金利と債券価格は逆方向に動くため、金利が上昇すると、債券価格は下がるからです。

資産配分については、第2章以降でご紹介する複数の投資家の実例も参考になるのではないでしょうか（各人のバックグラウンドや考え方をご覧ください）。

コツコツ投資のメインの道具として使うのは投資信託の中の、**「インデックスファンド」**という商品です。

投資信託にはパッシブ（消極的）とアクティブ（積極的）という2つの運用スタイ

ルがあり、パッシブ運用というのは、あるまとまった市場全体の動きを反映するように運用する方法のことをいいます。たとえば、日本株なら、日経平均株価やTOPIXなどの指数と同じように動くことをめざすインデックスファンドが、パッシブ運用の代表的な商品になります。市場全体にまとめて投資できるので分散効果が高く、比較的低コストで運用できます。

インデックスファンドの形態を分類すると、2つに分けられます。1つは非上場の投資信託で、株式や債券などを投資対象としています。一般に、インデックスファンドと呼ばれるものはこちらです。もう1つが、ETF（Exchange-Traded Funds）です。こちらは証券取引所に上場されていて、株式と同じように取引できます。広義のインデックスファンドは、ETFも含みます。

どちらでもインデックス投資はできますが、本書では前者のインデックスファンドを中心にお話していきます。少額から積み立てできること、そして一部のインデックスファンドの保有コストが大幅に引き下げられたことがその理由です。

インデックスファンドには、次の2つの特徴があります。

①分散効果が高い

株式に投資するインデックスファンドの多くは、たくさんの会社で構成されている指数を運用目標にしています。そのため、**インデックスファンドを保有することで、手軽に分散投資ができます。**たとえば、TOPIXに連動するインデックスファンドを保有すると、東京証券取引所第1部に上場する約1900社の会社の株にまとめて投資を行うのと同じ効果があるのです（左の上図）。

インデックスファンドは、日本だけでなく、先進国の株式に投資するものや、新興国の株式に投資するものもあります。債券やREITなど、株以外の資産に投資する商品もあります。そのため、いくつかのインデックスファンドを組み合わせて保有するだけで、世界中のさまざまな資産に分散投資をすることが可能です。左の中図に代表的な指数を示しました。

たとえば、TOPIX連動型のインデックスファンドと、先進国22カ国約1300社の株式をカバーする「MSCI《エムエスシーアイ》コクサイ・インデックス」連動型のインデックスファンド、そして新興国23カ国約850社をカバーする「MSCIエマージング・マーケット・インデックス」連動型のインデックスファンドの3本をもつだけで、46カ国

インデックスファンドは指数構成銘柄がほぼ全部入っている

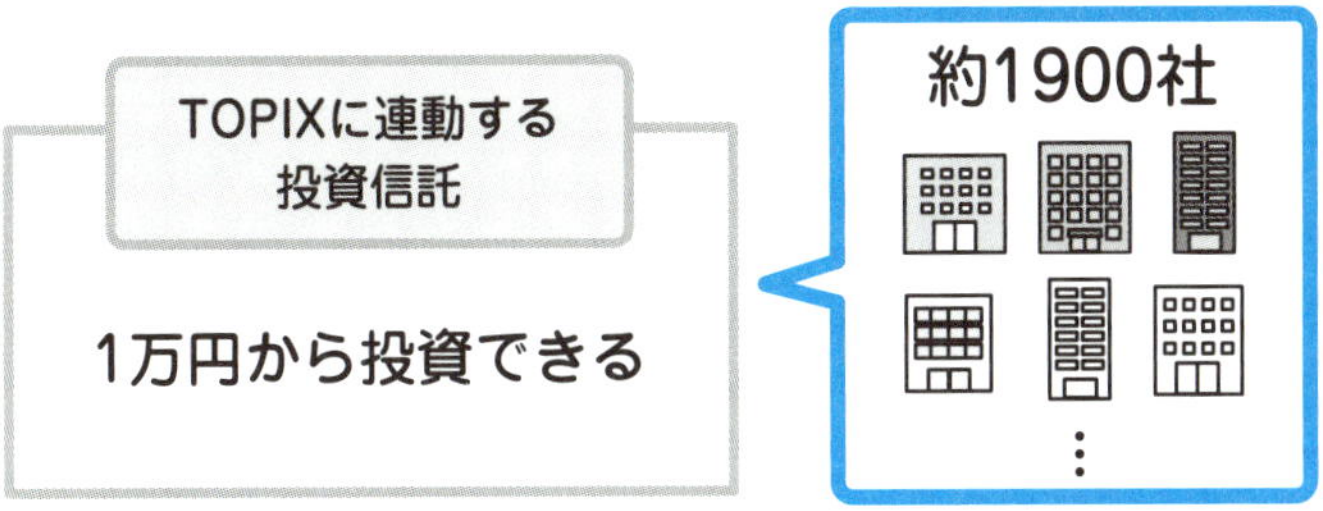

各資産クラスの代表的な指数

投資対象	代表的な指数
日本株式	TOPIX（東証株価指数）
日本債券（※）	NOMURA-BPI総合
先進国株式	MSCI コクサイ・インデックス
先進国債券	シティ世界国債インデックス
新興国株式	MSCI エマージング・マーケット・インデックス

※MMFや個人向け国債（変動10年）で代替も可

３つの投信をもつだけで 46 カ国・約 4000 社の株主に

日本：TOPIXに連動する投信
＋
先進国：MSCIコクサイ・インデックスに連動する投信
＋
新興国：MSCIエマージング・マーケット・インデックスに連動する投信

投資信託の３つのコスト

		支払先
購入時手数料	投信を購入するときに一時的にかかる手数料 →	販売会社
運用管理費用（信託報酬）	投信を保有している間、ずっと差引かれる手数料 →	販売会社 運用会社 信託銀行
信託財産留保額	解約時にかかるコスト →	投信の財産に戻される

運用管理費用が安く、
購入時手数料がゼロ（ノーロード）のものを選ぶ

約4000社もの企業の株にまとめて投資できるのです（前ページの下図）。

②手数料が安い

投資によって得られるリターンは決まっていませんが、私たちが支払う手数料は決まっています。投信は商品をつくる人、売る人、管理する人など関係者がたくさんいるため、株式投資などに比べて手数料が高めです。しかし、インデックスファンドは、投信の中では相対的に手数料が安くなっています。

投信の手数料についてご説明しま

しょう。

● **購入時手数料**

投信を購入するとき、銀行や証券会社などの販売会社に対して支払います。スポーツジムに入会するときに支払う入会金のようなものです。インデックスファンドの中には、インターネットで購入すると購入時手数料がかからないものもあります。

● **運用管理費用（信託報酬）**

スポーツジムに月々支払う会費にあたるものです。一度支払えばおしまいの入会金と違って、会費は会員でいるかぎりずっと払い続ける必要があります。それと同じで、投信を保有している期間中、運用会社、販売会社、信託銀行の３者にずっと払い続けるのが運用管理費用です。

投信の資産残高に応じて、「年率○％」という率が定められていて、毎日投信の資産から差し引かれていきます。皆さんが目にする投信の価格（基準価額）は、この運用管理費用が差し引かれたあとの数字です。**保有中にかかる手数料は、運用成績を押し下げる要因の１つになるので、同じ指数に連動するタイプの投信なら、より安いものを選んだほうがいいでしょう。**

組み合わせる方法とセット商品を購入する方法

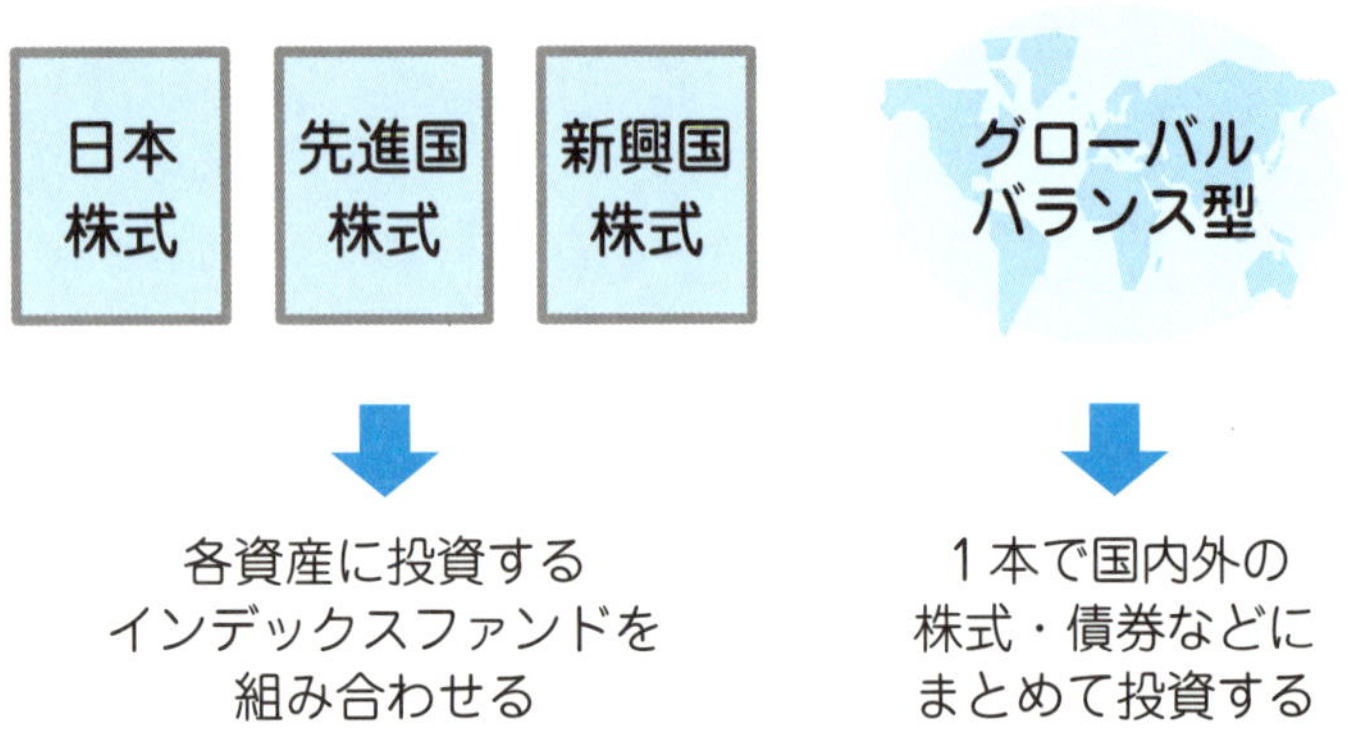

●信託財産留保額

投信を解約するときにかかることもあるのが「信託財産留保額」です。信託財産留保額は投信の財産に戻されるので、厳密には金融機関に支払う手数料とは違う種類のものですが、差し引かれるものとして覚えておきましょう。

これまでみてきたように、日本株や先進国株、新興国株というように、いくつかのインデックスファンドを自分で組み合わせる方法もありますが、それ以外に、いくつかのインデックスファンドがパッケージ化された投信もあります。この商品のことを「**バランス型の投資信託**」といいます。

この商品のいいところは、１つの商品を買うだけで、世界の株式や債券などに分散投資ができることです。そのため、**複数のインデックスファンドを組み合わせる手間を減らしたい人は、バランス型を選ぶという選択肢もあります。**

以前は、保有コストの高いバランス型ばかりでしたが、２００７年頃から徐々に手数料の低いものが登場し、組み合わせの種類もふえてきて、活用しやすい状況になってきています。

手間いらずで実践しやすい積み立て投資のメリット

投資信託の買い方としては、一括購入する方法だけではなく、毎月、一定の金額で投信を自動的に買い付けていく方法もあります。これが、**積み立て投資**です。

すでにまとまった金融資産がある人は、必ずしも積み立てを利用する必要はありませんが、まとまったお金のない人や手間をかけたくない人にとっては、便利な投資法

給与振込口座から積み立てる

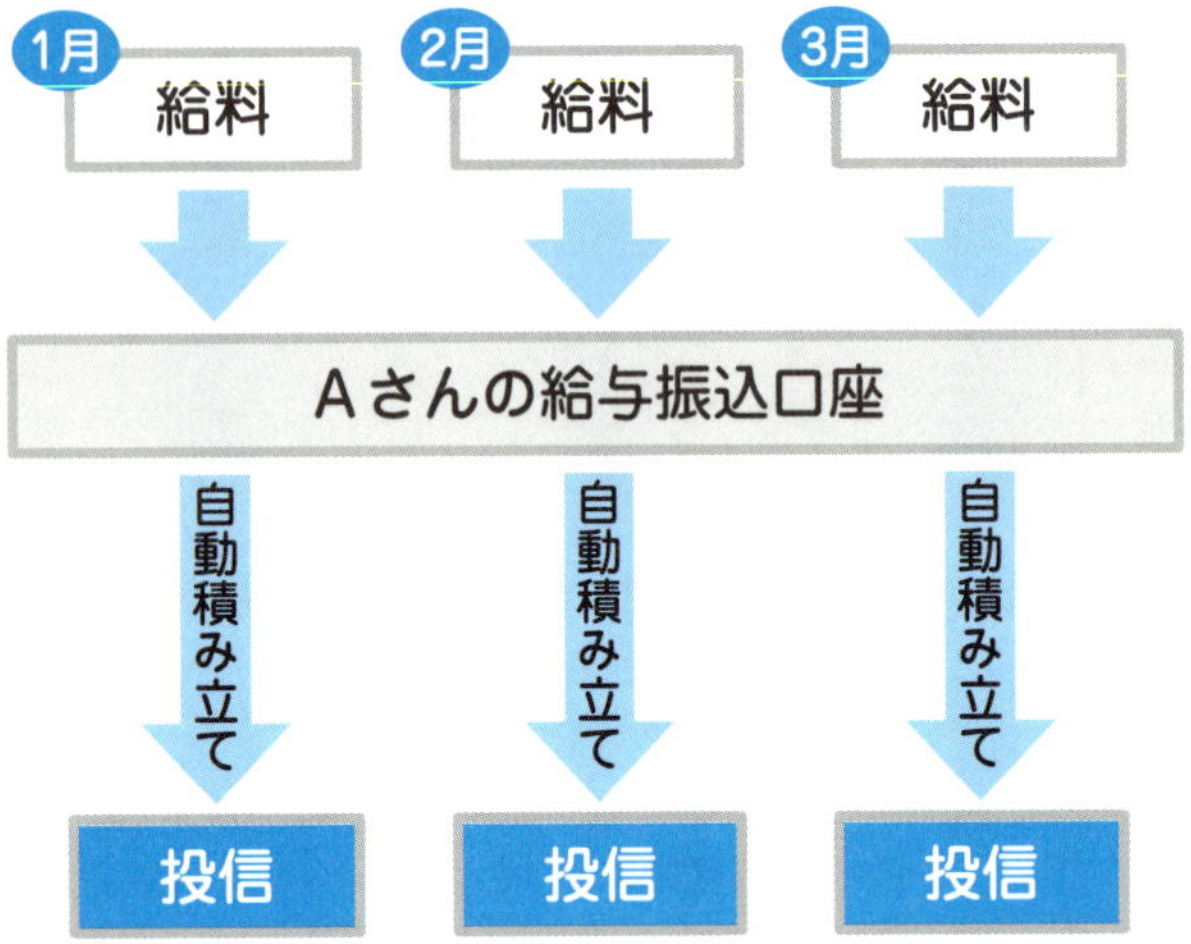

です。
今では、1商品につき500円とか1000円といった少額から、投信の積み立てができるようになっています（最低積立金額は金融機関や商品により異なる）。まさにワンコインから積み立て投資が始められるので、積み立てを始めるハードルはかなり低いといえます。
積み立て投資は生活の中に取り入れやすい方法です。ネット証券やネット銀行、直販の投信会社が行っている投信の自動購入サービスは、一度申し込んでしまえば、あとは毎月決まった日に決まった金額が銀行口

ドルコスト平均法：一定金額で毎月買える分の口数を購入

投信の基準価額がこのように変動したとき

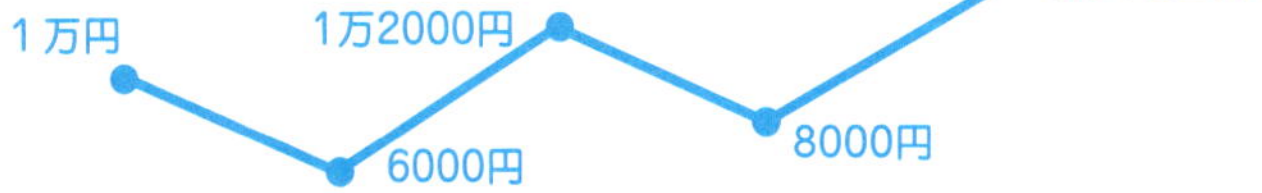

● 1万口ずつ購入していった場合

各時点の購入口数と投資金額					合計
10000口	10000口	10000口	10000口	10000口	50000口
1万円	6000円	1万2000円	8000円	1万4000円	5万円

平均購入単価は、1万円

● 1万円ずつ積み立てた場合

各時点の購入口数と投資金額					合計
10000口	16666.6口	8333.3口	12500口	7142.9口	54642.8口
1万円	1万円	1万円	1万円	1万円	5万円

平均購入単価は、9150円

座や証券口座から自動的に引き落とされていくからです（証券会社のMRF口座を使った積み立て投資もできます）。さらに、積立額は柔軟に変更することもできます。

会社員の方は毎月お給料がもらえるので、その中から一定額を貯蓄や投資に回すしくみを早めにつくってしまうとよいでしょう。自営業の人はお金があるときに証券会社のMRF口座にお金を入れておき、そこから毎月積み立てることも可能です。

積み立て投資のもう1つの利点は、2008年のリーマン・ショックのように世界中の株価が大きく値下がりするようなときでも、**価格の変動に振り回されることなく、投資を継続していけることです。**人間はどうしても感情に左右されてしまうもの。値段が下がっているときには「もっと下がりそう」とこわくて買えないし、逆に高騰しているときには「そろそろ下がるかも」と心配になって買えないものです。

投信の値段は日々変動します。毎月一定の金額を購入することで、値上がりしているときには少しの口数⑬だけ、値下がりしているときにはたくさんの口数を買うことができます（前ページの図）。投信のように価格が変動するものを定期的に一定の金額ずつ購入していくことを**「ドルコスト平均法」**といいます。

安い時期に同額でたくさんの口数を買えるということは、長い目でみたらお買い得となる可能性が高くなります。というのも、最終的な投資の成果というのは「量×価格」で決まるためです。価格が下がったときに多くの口数（量）を積み上げておけば、景気が回復して価格が上昇したときに効果を発揮します。

⑬ **口数**
投信の資産のうち、自分の持ち分のこと。投信を取り引きするときの単位。投信全体の口数のことは「受益権総口数」という。

非課税の口座を使って、税金を賢く節約しよう

投資をするときには、「どこで」運用するかも大切です。余分なコストをかけないように、金融商品の手数料にこだわることも大切ですが、もう１つ気にかけたいのが「税金」です。**税金も立派なコストなのです。**

投資をするときには、「非課税の口座」を優先的に使いましょう。たとえば、前述した確定拠出年金（ＤＣ）は運用期間中は非課税なので、運用益に税金はかかりません。勤め先が企業型ＤＣを導入している会社員の方はもちろん、加入できる人は、個人型ＤＣも賢く活用しましょう。

次章以降でご紹介する個人投資家の中には、一般の人たちにはあまり知られていない個人型ＤＣに加入している人も複数いらっしゃいました。

老後に向けた資産形成が投資の目的なら、ＤＣの口座を優先的に使いましょう。そして非課税の口座なので、期待リターンの高い株式などの商品にお金を割り振るのが

よいでしょう。なお、ＤＣについては、第４章で詳しくご説明します。

本章で述べてきたコツコツ投資の基本型についておさらいをすると、次のようになります。

- **未来のために、無理のない範囲で、世界中の企業に自分のお金を分散する**
- **そして、長い目でゆったり資産を育てていく**
- **こうした運用をするためのツールとして、たとえば、手数料の安いインデックスファンドを活用し、コツコツと積み立て投資を行う**

次章からコツコツ投資を実践している会社員や公務員、自営業の方の事例をご紹介していきます。コツコツ投資の基本型をキッチリ守って、その枠内で投資を実践している人もいれば、プラスアルファで投資したい会社を選んで投資したり、投資哲学や運用スタイルに共感してアクティブファンドを保有したりする人もいます。

投資家の皆さんが、仕事や家庭、趣味など、「生活・暮らし」の中で、どう投資と付き合っているのかをみていきましょう。

第2章

低コストのインデックスファンドを組み合わせて、世界に丸ごと分散投資する方法

この章では、コツコツ投資の「基本型」である、低コストのインデックスファンドを組み合わせて、主に積み立て投資をしている人たちをご紹介します。投資をしようと思ったきっかけや、どのようにして今のスタイルにたどり着いたのかなどを語っていただきました。なお、年齢や投資歴などはすべて2015年9月末時点のものです(次章以降も同じ)。

転職で手にした退職金を元手に長期分散インデックス投資を始める

山口和人さん(仮名・41歳)
職業:会社員(建設会社のエンジニア)。家族:妻(29歳)と息子(2歳)。共働き・賃貸。趣味:家族旅行、カメラ・写真。投資歴:約5年

山口和人さんは建設会社のエンジニアで、海外出張もこなす多忙なビジネスマン。関東近県で妻と息子の3人で暮らしています。趣味はカメラ(一眼レフ)と家族旅行。

沖縄や台湾、東南アジアなどが好きで、毎年、家族との旅行を楽しんでいます。

投資を始めるきっかけは、転職時に退職金や財形貯蓄、従業員持株会制度[14]で購入した自社株などを合わせて1500万円程度のまとまったお金が入ったこと。そして、そのお金を預けていた銀行の行員から投資信託をすすめられたためです。

「会社まで男性行員が保険や投資信託の勧誘に来たので断ったら、2回めは若い女性行員が来ました。**あまりに熱心に勧誘するので、逆にあやしいなあと（笑）。何もわからないまま買うのはイヤだったので、そこから情報収集を始めました**」

山口さんが具体的に行ったのは次の2つです。

①インターネットで情報収集

「まずはインターネットで情報収集をしました。いろいろな記事を読みましたが、水瀬ケンイチさんのブログ『梅屋敷商店街のランダム・ウォーカー』[15]で紹介されていた、長期分散インデックス投資は手間がかからず、会社員の自分にはいちばん合っていると思いました」

②投資に関する本を購入

「水瀬さんのブログや、リンク先のブログなどで紹介されていた本を片っ端から読み

[14] **従業員持株会制度**
自分が勤めている会社の株式を定期的に購入していく制度のこと。

[15] **梅屋敷商店街のランダム・ウォーカー**
IT企業に勤務する会社員であり、カリスマ投信ブロガーである水瀬ケンイチ氏が管理人を務める人気ブログ。http://randomwalker.blog19.fc2.com/

ました。『ウォール街のランダム・ウォーカー』（バートン・マルキール著）から始まり、カン・チュンドさんの『日本人が知らなかったETF投資』、内藤忍さんの『資産設計塾』、山崎元さんの『資産運用実践講座』、橘玲さんの『世界にひとつしかない「黄金の人生設計」』などを読みました。竹川さんの『投資信託にだまされるな！』を読んだのもこの頃です」

もともと「凝り性」だという山口さん。当時は独身だったこともあり、半年くらいかけて、仕事や予定が入っているときを除いて、週末は徹底的に情報収集をしたといいます。そして、ブログや本で紹介されていたネット証券のうち、楽天カードをもっていたので、楽天証券に口座を開設しました。

投資を始めてからの半年は試行錯誤の連続でした。インデックスファンドのほか、海外ETF[16]を買ってみたり、ポートフォリオ[17]にREIT（上場不動産投信）やコモディティ（商品）を加えるかどうかを考えたり。はたまた、投資信託の直販を行っている、セゾン投信に口座を開設してバランス型投信を購入したり、といろいろ試してみたそうです。

[16] **ETF (Exchange-Traded Funds)**
特定の指数に連動して動くという点はインデックスファンドと同じだが、ETFは証券取引所に上場されていて株と同じように取引できる。そのうち、米国など海外の証券取引所に上場しているETFのことを海外ETFという。
山口さんはVT（バンガード・トータル・ワールド・ストックETF＝先進国や新興国市場を含む世界約47カ国8000社以上の株に投資）、EEM（iシェアーズMSCIエマージング・マーケットETF＝新興国の大型・中型株に

山口さんの資産配分

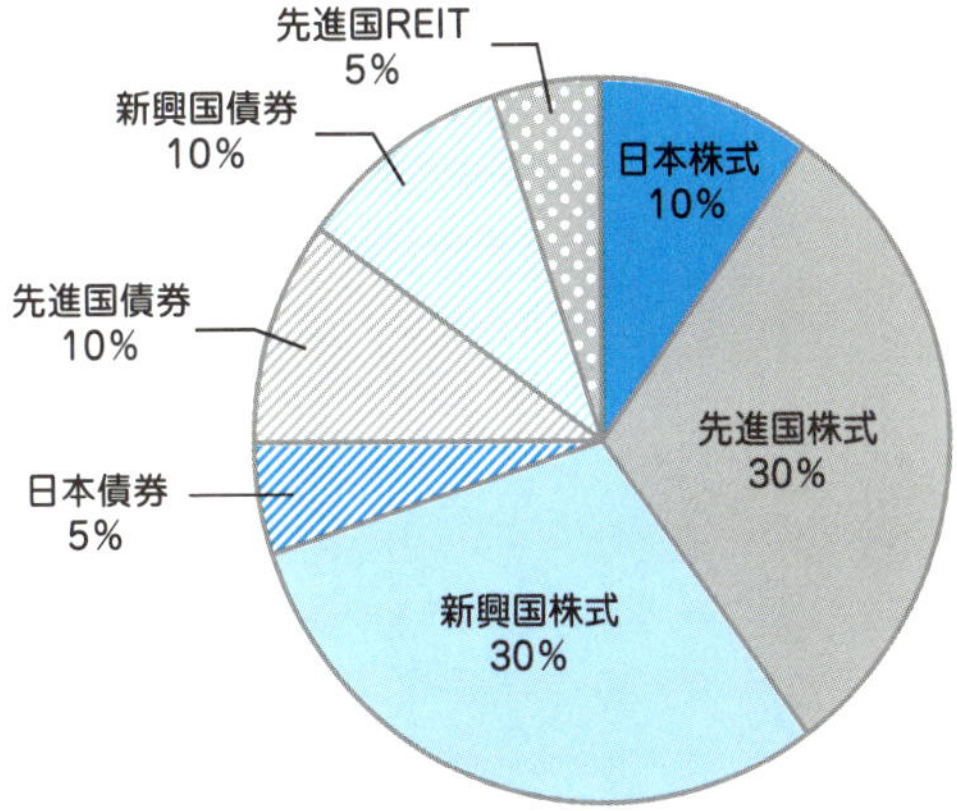

※資産配分は2015年9月末時点（以下同じ）

平日は仕事を終えて帰宅すると、毎日、保有する投信の価格をチェック。週末には自分で作成した資産管理用のエクセルの表をみながら、「もう少し資産配分を変えたほうがいいだろうか」などと真剣に考えました。

ところが、半年くらい経つと仕事が忙しくなって、週末も仕事をすることが多くなり、だんだん時価評価額などはみなくなりました。「毎日みても、それほど変わるわけではないので、飽きてきたこともあります。それから、だんだん放っておくようになりました」と山口さん。

投資）、EAFE（iシェアーズ MSCI EAFE ETF＝北米を除く先進国の大型・中型株に投資）などを購入していた。

17 ポートフォリオ もともとは紙ばさみ、書類入れのこと。転じて、個人や企業が所有する金融資産の組み合わせのことをいう。

仕事と両立するために、投資スタイルも変えました。**購入するときに、自分で注文を出さなくてはいけない海外ETFへの投資はやめ、毎月、銀行口座から自動引き落としで投信を購入していく「積み立て」のスタイルに変更。**資産配分を決めて、今は三菱UFJ国際投信が運用する、eMAXIS《イーマクシス》シリーズのうち、7本のインデックスファンド（日本株式、先進国株式、新興国株式、日本債券、先進国債券、新興国債券、先進国REIT）を積み立てています。

そして、資産管理をシンプルにするため、あとから開設した直販の運用会社の口座は解約しました。

現在はスマートフォンのアプリ**「マネーフォワード」**で、保有する投資信託の時価評価額を確認していますが、時間にすると1日1分程度です。マネーフォワードは家計簿・資産管理ツールの一種。利用している金融機関を一度登録すると、情報が自動的に更新されるため、自分でそのつど調べる必要がないからです。あとは年に1度リバランス[18]をするかどうか判断するときに、各資産の割合を計算する程度だそうです。

[18] **リバランス**
運用開始時に決めた資産配分に戻すこと（運用していると比率が変化するため）。リバランスを行わなかった場合と比べてリスク（価格の変動幅）を抑えることができる。

ムダな支出を洗い出して資金確保 60歳までに1億円をめざす！

山口さんの所属する部署は出張も多く、忙しい職場ということもあって、お金の管理に無頓着な人も多いのだとか。出張手当などを含めるとそれなりのお給料をもらえるという事情もあるかもしれません。山口さん自身も、以前はお金のことにまったく関心がなく、お金も貯まらなかったといいます。

「投資を始めてから収入と支出を意識するようになりました。以前は車を所有していました。しかも、手がかかる、エアコンが効かないような古いヨーロッパ車が好きで…。ほとんど乗らないのに年間数十万円もの維持費がかかるため、手放しました。子どもができたので、趣味はカメラに変更です（笑）。**支出を抑えて、よりたくさんのお金を貯蓄や投資に回せるようになり、いいサイクルができてきました**」

山口さん[19]の目標は60歳までに退職金などを含めて金融資産1億円を貯めることです。将来、海外赴任の可能性もあるため、今は賃貸暮らし。会社をやめる60歳くらいに家

[19] 山口さんの歩み
2007年　まとまった退職金が入る。情報収集しようと思うも、仕事が忙しくて挫折…。
2008年　今の会社に転職。銀行員から投資信託をすすめられる。すすめられた商品に疑問をもち、ネットで情報収集を始める。
2008年秋　海外ETFを買ったり、直販投信を買ったりと試行錯誤。
2009年　口座と商品を整理。インデックスファンドの積み立てに集約する。

を買いたいと考えています。その目標に向けて、エクセルで金融資産を管理。運用状況についてもシミュレーションをしています。

「50歳になるまでは株式比率75％で運用していき、50歳以降は株式の比率を25％に引き下げて、60歳まで運用しようと思っています。たとえば、60歳のときに4000万円の家をキャッシュで買い、その後、月30万円ずつ引き出していけば、100歳まで生きても大丈夫かなと思っています」

仮に60歳よりも前に目標金額に達したとしても、お子さんが小さいため、早期リタイアすることは考えていないそうです。

「子どもの足手まといになりたくないですし（笑）、高校生のときに父親が家でブラブラしているのって、あまりよくない気がします。子どもが大学を卒業する60歳くらいまでは働くつもりです」

ドキドキするのは最初だけじきに落ち着いて向き合える

投資を始めた頃の精神状態というのは、恋人と付き合い始めたころにドキドキする感じとちょっと似ているのかもしれません。最初は日々相手の動向（投資なら値動き、恋愛なら相手の様子）が気になって、気になって仕方ないという状態。ちょっと価格が動いただけでも（相手のちょっとしたひと言で）、動揺してしまいます。

山口さんは投資を始める前に徹底的に情報収集をしていたので、投資を始めるにあたって「価格が変動すること自体はそれほどこわくなかった」といいます。それでも、最初の半年間は保有する投資信託の状況が気になって仕方がなく、帰宅後は毎日、証券口座にログインして時価評価額などをチェックしていました。

ほかのコツコツ投資の実践者に聞いても、最初の3～4カ月はドキドキした状態が続くといいます。なかには、6カ月とか1年以上かかるという人もいるようです。**しかし、そうしたことにも徐々に慣れてきて、落ち着いた付き合いができるようになっていきます。**

ただし、あまりに鈍感になりすぎるのも考えもの。たまには付き合い始めた理由を思い出したり、その後、大きな変化はないかと確認したりする必要はあります。

投資信託の積み立てを始めたあとに、当初決めた比率が大きく崩れることもあります。そのときには、値上がりしている投信を解約して、値下がりしている投信を買い増しすることで比率を元に戻す「リバランス」というメンテナンスが有効です。時期や保有する資産の組み合わせによって、どのくらいの頻度で行うのがよいかは異なりますが、**まったくリバランスを行わなかった場合と比べてリスク（価格の変動幅）を抑えることはできます。**

ただ、購入や解約にはコスト（税金など）も発生するため、そう頻繁に実施する必要はありません。一定の期間ごとに「投資に振り向けるお金（リスク資産）とそれ以外のお金（預金などの安全資産）の比率」や「投資している資産クラスの比率」を確認し、たとえば、当初決めた比率から10％以上乖離していたら元に戻す、くらいのおおらかな対応でよいでしょう。

山口さんも、「原則、年に1回リバランスすることにしていますが、それほど資産クラスごとの比率に大きな変動がなかったので、実行したことはありません」とのこと。また、投資金額が少ないうちは解約はせずに、値下がりした資産を買い増すことで調整を行いましょう。

2008年の金融危機で恐怖心を抱き、「自分の人生は自分で何とかする」

セロンさん（ハンドルネーム＝投信ブロガー・28歳）
職業：会社員。家族：妻。共働き・賃貸。趣味：スポーツ観戦、マンガ、ゲーム、アニメ。投資歴：約7年

次にご紹介するセロンさん（『22歳からの貯蓄学』というブログを運営）は入社6年めの会社員。2015年に結婚したばかりの新婚さんでもあります。最初にお会いしたのは、セロンさんが大学を卒業し社会人になったばかりの頃。投信ブロガーのrennyさん、[20]イボットソン・アソシエイツ・ジャパン『投資信託事情』発行人・編集長の島田知保さんと一緒に幹事を務める、「コツコツ投資家がコツコツ集まる夕べ（東京）」という投資家さんたちの交流会に参加してくれたからです。そのときセロンさんは22歳と最年少の参加者だったのですが、すでにインデックスファンドの積み立

[20] **投信ブロガーのrennyさん**
『rennyの備忘録』というブログを運営。

てを始めていて、その場にいたみんなが驚いた記憶があります。

セロンさんが投資に興味をもったのは、大学1年のとき（2006年）に大学の図書館で偶然、ロバート・キヨサキ氏の『金持ち父さん貧乏父さん』を読んだことです。「この本ではお金の大切さを説くだけではなく、将来恐慌になるといった警告めいた言葉もあって印象に残りました。そのときは投資に興味をもったものの、大学に入ったばかりでお金もないし、サークル活動などやりたいこともたくさんあったので、行動には移しませんでした」

その後、投資を思い出すきっかけとなったのは、大学3年生のときに起きたリーマン・ショックです。当時は大学3年の秋から就職活動がスタート。1つ上の先輩たちは少し景気が上向き始めていたこともあってラクに内定を手にしたのに、就職説明会では出展する企業が前年に比べて激減し、景気の悪化を肌で感じたといいます。「自分は本当に就職できるのだろうか、仮に就職できたとしてもその後の人生はどうなるんだろう…。**その危機感、もっというと恐怖心から『自分で何とかするしかない』と思いました。**そのときに本にあった『恐慌が来る、そのときこそ（投資の）チャンス』という言葉を思い出したんです」

投資＝株というイメージだったので、松井証券に口座を開設し、ある素材メーカーの株を購入しました。あまり深く考えず、知っている会社で、予算の範囲内で買える会社を探した結果です。安易な気持ちで買ったので、自信がもてず、結局トントンで売却してしまったそうです。

その後、就職活動などもあって、本格的に投資の勉強をしようと思ったのは就職活動を終えた2009年の4月から。テキトーに株を買うのではなく、きちんと勉強しようと考えたためです。

九州の大学に通っていたため、地元で投資に関するセミナーなどはなく、インターネットと本で情報収集を始めました。

「自分の性格は面倒くさがりや。短期で売買するスタイルや頻繁にメンテナンスするようなものは合わないだろうし、やっても挫折すると思いました。そういう観点で、インターネットで情報収集をしていたところ、インデックス投資に出会いました。書店で購入した雑誌でもインデックスファンドが紹介されていました。これなら、手間がかからなそうだし、コストも低いし、指数に連動するのでわかりやすい。自分の性格に合っているのではないかと思い、そこからインデックス投資について調べ始めました」

たとえば、GPIF[21]（年金積立金管理運用独立行政法人）の資産配分をみたり、インデックスファンドにはどんな商品があるのかを調べたりしました。

資産配分については岡本和久さんの『30歳からはじめる「品格のあるお金持ち」になれる資産形成マニュアル』（総合法令出版）という本を参考にしました。

「抽象的な投資アドバイスに終わらず、サラリーマンが資産形成するにあたっての具体的な構築方法が書かれていて、とてもわかりやすかった」からです。

そして、**岡本さんの本で紹介されていた投資方針書を作成して、ブログで公開しました。** 投資方針書というのは、自分の投資の目的や投資方針、具体的な行動指針などをまとめたものです。

そして、この頃にはお試しでいくつかのインデックスファンドを購入してみました。

投資方針書（2009年10月版）

1．目的：その他の自分が行う投資がすべて失敗したとしても、[22] 老後を安心して暮ら

[21] **GPIF**
日本の公的年金の運用を担うのがGPIF。リスクや期待リターンの数値や資産配分などは公表されている。

[22] **その他の自分が行う投資がすべて失敗したとしても**
「仮にインデックス投資以外に手を出して全額を失うことがあっても」という意味でいっている。

せることを目的とする。

2. **資本市場の前提**：国内株式の期待リターンは4・8%、国外株式の期待リターンは5・0%、国内債券の期待リターンは3・0%、国外債券の期待リターンは3・5%とする（GPIF・年金積立金管理運用独立行政法人の試算より）

3. **ポートフォリオ**：上記の前提に基づいて、ポートフォリオは「国内株式：国外株式：国内債券：国外債券」の比率を「35：35：15：15」（合計で100）とする。期待されるリターンは5%。リスクは13%。3分の2の確率でリターンはマイナス8～18%となる。

4. **投資額及び目標の資産額**
22歳時点での保有資産額　0円。
年間積立投資額　54万円（月々平均4万5000円）
65歳時点での目標資産額　6000万円。

5. **銘柄選択**：株式については、原則として上場インデックス投資信託（ETF）と投資信託を用いる。債券については現在の金利は低すぎると考え、金利変動国債など柔軟に金利変動に対応できる体制にしておく。

6. **モニタリング**：モニタリングは四半期ごとに行う。期中の追加投資は3カ月分をまとめて資産配分を考慮して投資する。半期に1度はリバランスを行い、資産配分の調整を行う。なお、配分比率が上下5％以上になった際にリバランスを行い、それ以下は許容する。

7. **投資方針の変更**：資産の2割以上に影響を与える環境の変化があった場合は投資方針を再点検する。また、期待リターンが4％以下でも目標資産額の達成が可能と判断した場合にも投資方針を見直す。

投資方針書を基本ルールに毎月の積み立て投資を開始

2010年4月に社会人になり、定期的にお給料がもらえるようになったので、積み立て投資を始めました。最初は毎月のお給料の中から投資に4万円を振り向け、入社3年めからお給料がふえたので、貯蓄の2万円を追加しました。引き続き、毎月約

セロンさんの資産配分

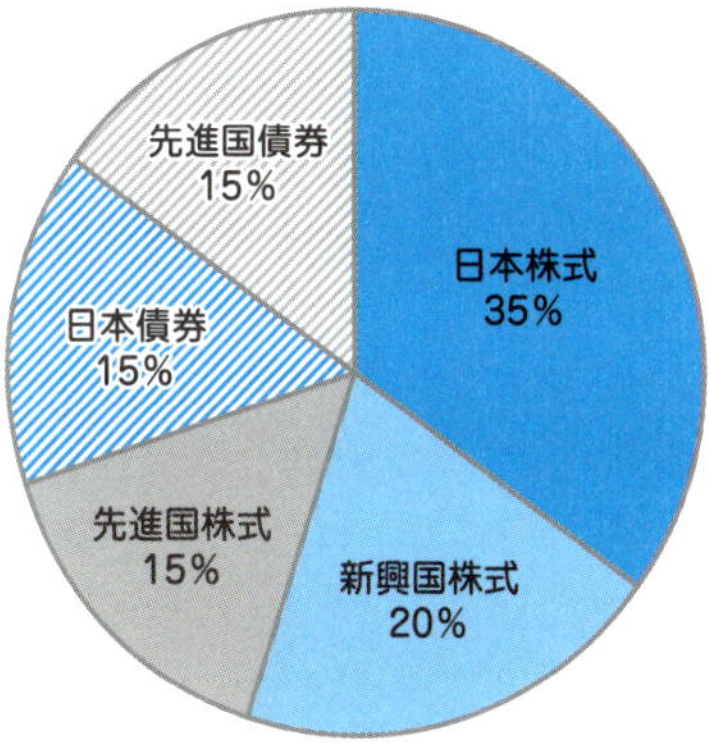

4万円の積み立て投資を続けながら、ボーナスの一部も投資に回すかたちにしました。

積み立てたのは日本株式、先進国株式、新興国株式、先進国債券のインデックスファンドです。日本債券クラスについては定期的に個人向け国債（変動10年）[23]を購入しています。資産配分については「投資方針書」で決めたとおりにしています（上の図）。

当初はすべてネット証券で購入していましたが、入社3年めから個人型DCに加入できるようになったため、投信の積み立ての一部を個人型

23 個人向け国債（変動10年）
個人向け国債にはいくつかの種類があるが、セロンさんが購入しているのは10年満期の「変動金利」タイプ。固定金利と違い、実勢金利に応じて半年ごとに適用利率が変わる。仮に金利が上昇すると、受け取る利子もふえる。購入から1年以上経過すれば、途中解約しても元本割れしない。

ＤＣで行うようになりました。

個人型ＤＣを利用すると支払う所得税や住民税が減るという節税効果があるし、運用益も非課税。原則60歳まで引き出せないというデメリットはありますが、セロンさんが投資をする目的は老後に向けた資産形成なので、その点はネックにならないと考えたためです（個人型ＤＣについては第4章で詳しく解説します）。

セロンさんの投資先は次のとおりです。金融商品を購入している金融機関名（個人型ＤＣの場合は運営管理機関名）、商品名の順に記載しています。カッコ内は投信を運用する会社の名前になります（以下同じ）。なお、ＤＣ口座については分けて記載しています。

SBI証券

- **eMAXIS先進国株式インデックス**（三菱ＵＦＪ国際投信）
- **eMAXIS先進国債券インデックス**（三菱ＵＦＪ国際投信）
- **個人向け国債（変動10年）**

＜個人型DC＞

三井住友海上火災保険

●三井住友・日本株式インデックス年金ファンド（三井住友アセットマネジメント）

●野村新興国株式インデックスファンド（確定拠出年金向け）（野村アセットマネジメント）

セロンさんは投資を始める前にリーマン・ショックのときの暴落をみていたので、**同じようなことが起きても続けていけるように、と考えて資産配分（アセット・アロケーション）を組みました。**ただ、相場が上がっても、下がっても、感情が揺れることはありえます。実際、セロンさんも、2012年11月以降のアベノミクスで株価が急上昇したときには、「こんなに上がって大丈夫か」とこわくなり、一瞬「一部売ってしまおうか？」という考えも頭に浮かんだそうです。

「やはり何もルールがないと感情で行動してしまいがちです。そうならないように、時間をかけてつくった行動指針に従ったほうが結果としてうまくいくと思います。私はブログで公開していたこともあって、何とか売らずに踏みとどまりました」

もう1つ、**セロンさんがルール化をすすめる理由に時間の節約があります。**ルールに従うだけなので、投資そのものにかける時間が少なくてすみます。実際、セロンさんが投資にかける時間は1カ月に20分ほど。具体的には、積み立て用のお金を別口座に入金するとき、ボーナス時に資産残高や資産配分をチェックし、必要があれば調整するときくらいです。

セロンさんはSBI証券を利用して投信の積み立てをしています。ただ積立代金の引き落とし日が給与振り込みのタイミングと合わず、銀行口座にあまりお金が残っていない可能性があるため、給与振込口座から住信SBIネット銀行の「SBIハイブリッド預金」[24]に手動で振替を行っています。

投資を始めて恐怖心が消え、心と時間の余裕が生まれた

投資を始めて7年めになるセロンさんですが、投資を始めてよかったといいます。「投資を始めるきっかけは恐怖心でした。今も完全になくなったわけではないですが、

[24] **住信SBIネット銀行の「SBIハイブリッド預金」**
SBI証券で投信や株式を買い付ける代金などに充当できる証券口座連動の普通預金。

それなりに金融資産も積み上がってきて、何かあったとしても、『今はこれだけあるから大丈夫』という心の余裕ができました。若いときは元本が少ないので、貯蓄だけでも、投資をしてもそれほど金融資産の額に差は出ないと思いますが、**10年、20年と元本を積み上げていくことで、将来、大きな差が出てくると思うのです。**そういう意味では将来に対する心の余裕もできた気がします」

そして、お金のリターン以外に得られたのが「時間の余裕」だとか。セロンさんの考える投資との付き合い方は仕事や家庭と共存できること。専業で投資をしている人は別として、会社員は日中に投資をする時間はないからです。ましてや為替の取引をしていたら、夜も市場が動いていて、気が休まらないといいます。

「個別株投資をしている人とも付き合いがありますが、『会社四季報』を読み込むなど企業分析に時間を割いています。そういう時間の使い方もありだとは思いますが、私は奥さんと一緒にいる時間を大切にしたいし、趣味の時間をもちたいし、寝る時間も確保したいです（笑）。お金のゆとりという意味では、個別株に投資している人たちに負けるかもしれませんが、私は今のままのスタイルでいいと思っています」

当初の目標は「定年までに6000万円を貯める」ことでしたが、結婚を機に、夫婦としての目標を立てようと考えているところです。

「お互い、お金が手元にあると使ってしまうタイプなので、貯蓄や投資に回す分は先に積み立てて、残りで生活をすることにしました。2人の収入を合算して、貯められる金額を試算したところ、今は共働きなので、毎月10万円は貯められそうです。私が6万円、妻が4万円をそれぞれ出して、自分が投資を担当、妻が貯蓄を担当します」

といっても、セロンさん[25]はガチガチの節約生活をしているわけではありません。マンガやゲームが好きなので、そこにはお金を使っています。ただ、お給料が入ったら先に貯蓄や投資の分を差し引くしくみをつくっているので、残った分でうまくやりくりをしています。2人で仲良くコツコツ投資を続けていけるとよいですね。

[25] **セロンさんの歩み**
2008年9月 大学3年のときにリーマン・ショック。「自分で何とかしなくては」と投資を強く意識。
2009年4月 就職活動が終わり、投資の勉強を開始。お試しでインデックスファンドを購入。
2010年4月 社会人になり、積み立て投資をスタート。
2015年5月 結婚。毎月の貯蓄や投資額をアップ。目標額の再設定を検討中。

投資にお金を回しすぎると、臨時出費に対応できなくなる

第1章でも触れた万一に備える非常用資金ですが、セロンさんの場合、「生活費の

3カ月分」と考えて60万円程度を預金に預け、それ以外は投資に充てていました。

ところが、結婚が決まってから、引っ越し代や新居の敷金・礼金、そして、指輪の購入、結婚式にかかるお金（前払いだった）と出費が重なり、預金があっという間に底をついてしまったそうです。

「正直、預金が生活費の3カ月分では少ないなと、実感しました。積み立て投資を休止しただけでなく、一部、投資信託を解約することになりましたから。下がっているときに解約するのもイヤでしょうが、ちょうど相場が右肩上がりで資産がふえているところだったので、『ここで利益確定したくないな…』とちょっと悔しい思いをしました。もう少し多めに安全資産を確保しておく必要があると思います」

解約した分については、結婚式のときにもらったお祝金から月1回くらいのペースで徐々に投信を買い付けていく予定です。

もう1つ実感したのは「現金」の大切さです。東日本大震災が起きたとき、セロンさんは茨城県の某所に住んでいて、周辺の被害が大きかったのです。

「ライフラインが止まり、近所の銀行のATMからお金を引き出すこともできず、本当に不安になりました。多少は手元に現金をもっておいたほうがよいですね。いつも使っているルート（ATMなど）が使えるとは限らないし、ましてやそんなときにネットにアクセスして金融商品を解約するなんてことはまず無理ですから」

セロンさんは、非常用資金が3カ月分では足りないと考えましたが、これは個々に事情が異なります。「一律にいくら預金やMMFに置いておけば安心」ということではなく、**自分自身の状況（属性やライフスタイルなど）を考慮して、何かあったときに手元にどのくらいのお金があれば安心かをいま一度見積もってみるとよいでしょう。**

貯金ゼロからお金の勉強を始め、「自分がわかるもの」にだけ投資

鈴木京子さん（仮名・40歳）
職業：会社員。家族：夫と子ども（0歳）。共働き・賃貸。趣味：映画やテレビ（大河ドラマなど）を観ること。投資歴：約4年

鈴木京子さんは都内で働く会社員。数年前に結婚し、取材でお会いしたときはもう

じきお子さんが生まれるという時期でした（その後、無事に出産）。

鈴木さんはもともと投資に興味があったわけではなく、「自分はお金に関するリテラシーがないな」と思っていたそうですが、特段何もせずに日々の暮らしを楽しんでいました。

ところが、そんな鈴木さんに転機が訪れます。出向になり、地方都市に引っ越すことになったのです。このときの引っ越し代や、車やバイクの購入費用、残業が減ったぶんの手取り収入減などが響き、**数年後に東京に戻ったときには預金が底をついていました。**当時は独身で一人暮らしだった鈴木さんはやむなく実家の親御さんにお金を借りたのですが、このときばかりは「お金のことを真剣に考えないとマズイ」と思ったそうです。

ただ、お金の勉強をしようと思ったものの、何の勉強からしたらいいのかわかりません。そこで、簿記の勉強から始めて3級資格を取りました。また、お金に対するリテラシーを上げるような本を探して、渋井真帆さんの本を読んだり、セミナーを受けたりしました。その中で、保険や投資についての話を聞き、「そういう世界もあるのか」ということを知るきっかけになったといいます。

もっとも、そのときは具体的な行動には結びつきませんでした。「投資をしなくては」と思って本を読んだものの、ちんぷんかんぷん。ネット証券に口座をつくっても、画面を前に何をどうみたらいいのか、どう取引したらいいのかがまったくわからなかったからです。

その後、結婚するにあたって、あらためて保険や投資に関する本を読むことに。

「書店で保険に関する本をペラペラめくってみて、わかりやすそうな本を購入しました。ただ、自分ですべてを理解するのは難しく、ファイナンシャルプランナー（FP）の有料カウンセリングを受けることにしました。そして、保険の見直しから着手しました」

次に、保険のカウンセリングを受けたFPと一緒にセミナーを開催していた、別のFPのところで投資についてもカウンセリングを受けました。今から4～5年前のことです。セミナーやコンサルティングは有料でしたが、鈴木さんはお金を払うことに抵抗はなかったといいます。

「当初は無料のセミナーも考えましたが、スポンサーがついていると恣意的な意見が入ることがありますし、金融商品をすすめられることもあるので…。そこで、有料のセミナーで有益な情報を得たほうがよいと思いました。カウンセリングも同様です。**自分で情報収集をすることが苦手なので、その分野に詳しく、信用できるFPを一生懸命に探して、その人にみていただくことにしました**」

カウンセリングのときに、リスク許容度（38ページ参照）などを参考に、投資していい金額や資産配分などを相談し、投資信託の積み立てを始めることにしました。

「資産配分を決めることは、もっとも重要なことではあると思うのですが、初心者が自分で判断することは正直難しいと思います。とりあえず少額でスタートしてみて、そのあとに本を読んだり、セミナーを受けたりして理解しながら、徐々に自分の納得いくようなものに修正していけばよいのではないでしょうか」

鈴木さんが投資を始めるときに決めていたことが1つあります。「自分がわからないものはやってはダメ」ということです。投資の本を何冊か読んでも意味がよくわからないし、自分ができるというイメージがわかなかったからです。そんななか、インデックス投資に関するセミナーで話を聴いたり、本を読んだりして、「ようやくこれ

鈴木さんの資産配分

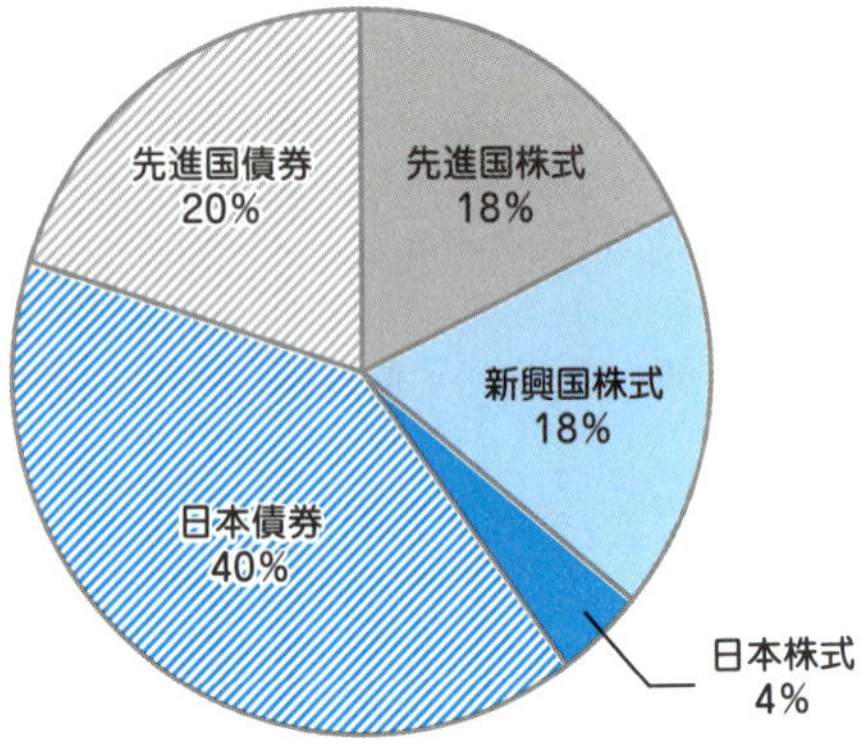

ならできそう」だと思ったそうです。

今は主にインデックスファンドを積み立てています。鈴木さんが保有している投信は次のとおりです。

SBI証券

- DLIBJ公社債オープン・短期コース（DIAMアセットマネジメント）
- eMAXIS先進国株式インデックス（三菱UFJ国際投信）
- eMAXIS先進国債券インデックス（三菱UFJ国際投信）
- SMT新興国株式インデックス・オープン（三井住友トラスト・ア

セットマネジメント)

- SMT TOPIXインデックス・オープン(三井住友トラスト・アセットマネジメント)

※日本株式、先進国株式、新興国株式のインデックスファンドについては、毎月一定額を積み立てていき、ある程度まとまった金額になったら、インデックスファンドを解約してそのお金で同じタイプのETFを購入している。ETFのほうがインデックスファンドよりも保有コストが安いため。

初心者が押さえておくべき投信購入の4つのポイント

「私の場合、何をどうしたらいいのかわからずに何年も過ごしてしまったので、これから投資をスタートする方には、早めに経験してみることをおすすめしたいです。投資の超初心者で、あまり手間をかけたくないという人こそ、インデックスファンドの積み立て投資が向いていると思います」

具体的には、

- **手数料が安く、自分にとって使い勝手のいいネット証券で口座を開く**

- **積み立てているのを忘れるくらいの無理のない金額でスタートする**
- **投資信託を等配分で、かつキリのよい金額を積み立てる**
- **1年くらい続けて時々チェックしてみる**

ということをアドバイスしてくれました。

以前はまったく投資に関心のなかった夫も、鈴木さんが投資状況を報告するのをきいているうちに少しずつ関心をもつようになってきたのだとか。そして、最近になってアメリカのNY《ニューヨーク》ダウ[26]に連動するETFを購入するようになったそうです。毎日「今日のNYダウは〜」とニュースで数値を確認することができるので、わかりやすいといいます。

鈴木さん[27]はゴールをどこに置いているのでしょうか。

「退職後に生活レベルを落とさないで、親など周りの人を助けられるくらいのお金をもつことです。以前は早く仕事をやめることも考えていましたが、年上の方が会社に来て人と話したり、やるべき仕事があってイキイキ働いていたりするのをみて、年をとっても仕事を続けるのもいいなあ、と思うようになりました。健康にもよさそうな

[26] **NYダウ**
正式名称は、ダウ・ジョーンズ工業株30種平均。米国ダウ・ジョーンズ社が発表する工業株30銘柄を対象とした平均株価指数のこと。

[27] **鈴木さんの歩み**
2005年 地方転勤になり預金が底を突く。お金について考えないとマズイと意識する。
2010年 保険の見直しに着手する。FPのコンサルティングを受けて資産配分などを検討。
2011年 インデックスファンドの積み立てをスタート。

ので、今はそれなりのお金ができたとしても長く働こうと考えています」

投資を始めようと思ったものの、どうしたらいいかまったくわからなかったという鈴木さんが、1つだけ決めていたのが「自分がわからないものは絶対買わない」ということでした。そのため、投資を始めたいと思っても、あせらずに「これならできそう」というインデックス投資に出会うまであえて何もしませんでした。

金融商品を紹介するパンフレットには「高度な金融工学を駆使した」とか「最先端の○○を使った」というような、一見魅力的にみえる言葉が並んでいることもあります。しかし、複雑なしくみの商品（しかもそういったものは手数料が高いことが多い）だから、必ずしも利益が得られるとは限りません。むしろ、わからないまま商品を購入しても、保有し続けるのは難しいでしょう。鈴木さんのように「わからない」といえる人が実はいちばん強いのです。

投資については「シンプルでわかりやすい」ものを活用すれば十分です。わからないもの、納得できないものには「Ｎｏ」という勇気をもちましょう。

新規公開株やＦＸに手を出して失敗
短期集中から長期分散投資へシフト

安隨晋太郎さん（35歳）
職業：会社員（携帯電話開発）。独身・賃貸。趣味：旅行や読書。投資歴：15年（本格的には４年ほど）

安隨晋太郎さんはメーカーに勤務する会社員。現在は都内で一人暮らしをしています。休日出勤するほど忙しい時期もありますが、その合間をぬって旅行に行ったり、本を読んだり、映画を観たりと、趣味も楽しんでいます。旅行は国内外を問わず、「ホタルをみたい」とか、「美味しいものが食べたい」と思ったら、それに沿った場所に出かけていくそうです。

安隨さんが最初に投資に出会ったのは大学生の頃。茶道部の副部長を務めていたときに、顧問の先生に株式投資をすすめられたのがきっかけです。「社会人になるなら、株くらいやっておかないと」といわれ、語学と同じように、株も「勉強すべきもの」「身につけるべきもの」と考えたからです。

お茶の先生に連れられて、複数の大手証券に口座を開設。アルバイト代から何とか9万円を捻出して、ＩＰＯ（新規公開株式）で新興のソフトウエアの会社の株を買いました。一時は30倍まで値上がりしましたが、当時は電話取引で売り方がよくわからず、10倍ほどの値段で売却をしたとか。

その後、大学院、社会人と進み、茶道の先生との接点もなくなりましたが、そのあとも、個別株の投資、ＦＸ（外国為替証拠金取引）など、「これが儲かりそうだ」という話を聞いては、少額で投資をしていたそうです。

「上場している株を少額で、1単元買って、こわくなっては売り、また買ってはこわくなって売り…という感じで学生時代を終えました。社会人になっても、そうしたスタイルから抜け出せなくて…。他の人から『これがいいよ』といわれたら、その会社の株を買ってしまったり、周りでＦＸが流行りだしたら、ＦＸをやってみたり。ちゃんと勉強もせずに、ちょっと儲けたり、損をしたりの繰り返しで、当然、金融資産はほとんどふえませんでした」

そこから変わるきっかけとなったのは、５年ほど前に将来設計を考えて、ファイナンシャルプランナー（ＦＰ）のところに相談に行ったことです。当時住んでいた地域を拠点に活動しているＦＰや、雑誌に出ている大手のＦＰ会社、個人でこぢんまりやっているところなど、複数のＦＰに相談しました。将来のライフプランを考えて、リタイア後の生活を想定して、リタイアまでにどのくらいの資金を準備したらいいのかを改めて考えることで、**短期で「10万円儲かった」「10万円損した」と一喜一憂するのではなく、長期的な視点で資産形成をしていかないといけないのだと思い直しました。**

「自分でも、長期投資や分散投資について書かれた本を読んだことで、短期・集中的な投資から長期分散投資に考え方が変わってきました。短期売買をするときのようなワクワク感はないけれども、セカンドライフを考えるうえではそれでいいと思い、投資信託を買ってみようと考えました。**ただ、ＦＰの中にも大手証券会社の証券仲介をしている人もいて、手数料の高い投信をすすめられたり、自分で銀行に行って話を聞くとラップ口座**[28]**をすすめられたり…。**今思えば〝カモネギ〟でした（苦笑）」

そんなとき、読んだのがＦＰのカン・チュンドさんの『忙しいビジネスマンでも続

[28] **ラップ口座**
資産の運用管理を証券会社や信託銀行に包括的に任せるしくみ。資産残高に応じて手数料がかかる。

安隨さんの資産配分

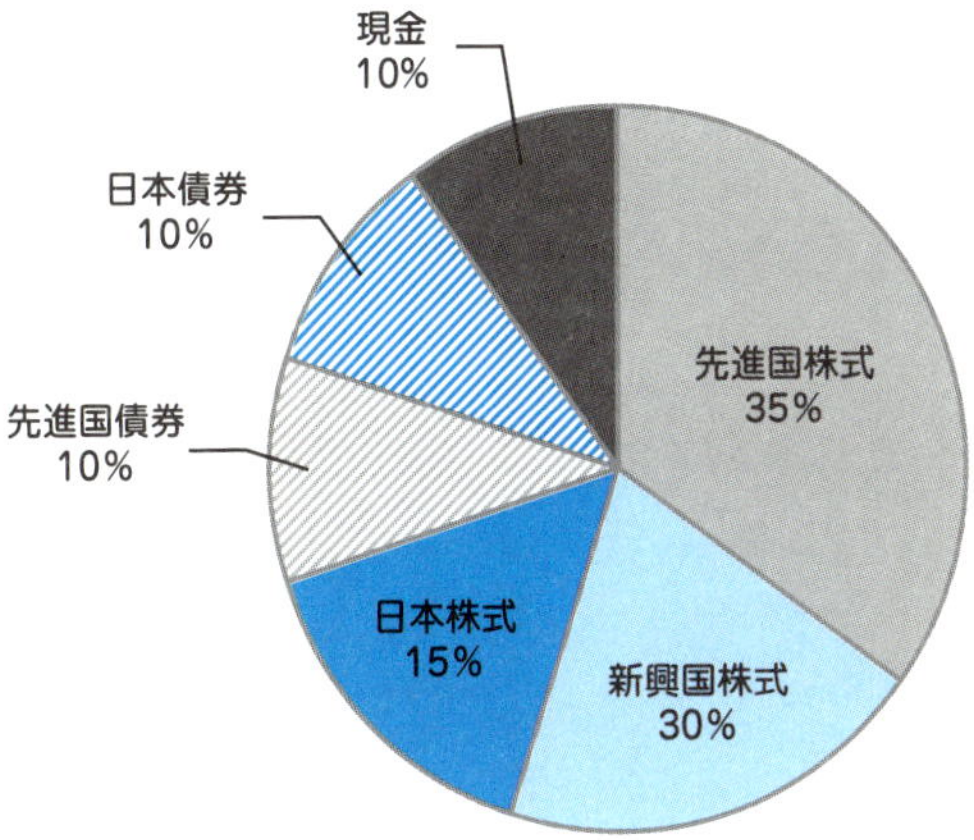

けられる 毎月5万円で7000万円つくる積立て投資術』という本です。インデックスファンドを組み合わせて、給与振込口座から自動的に積み立て行うシンプルな方法が書かれていました。これならストレスなく投資が続けられると納得できたので、セミナーに参加し、コンサルティングも受けました。

今は、ネット証券で日本株式、先進国株式、新興国株式、先進国債券、日本債券のインデックスファンドを毎月積み立て、ボーナスのときにスポットで購入しています。

利用しているのは、すべて三井住友トラスト・アセットマネジメントが運用する「SMT《スマート》インデックスシリーズ」の商品。個別株も保有していますが、こちらは金融資産のほんの一部です。

「資産配分についてはコンサルでアドバイスをもらったり、今の自分の年齢を考えたりしながら、最終的に自分で判断しました」

また、安随さんは投資方針書も作成しています。以前読んだ、チャールズ・エリス氏の『敗者のゲーム』はインデックス投資について書かれた、累計100万部を超えるロングセラーですが、その中で、**「長期の運用の基本方針を策定したら文書ではっきり書いておくこと」**をすすめていたからです。投資方針書は、今でも時々みるようにしているそうです。

「3カ月ごとに時価評価額などをチェックし、各資産の配分が大きく崩れているときには、ボーナスのお金で比率が少なくなっているものを買い増して調整しています。時間は本当にかけていないですね…。1年に4日くらいです」

住まいは「賃貸」のほうが資産のリスク分散ができる

ＩＰＯや株式の短期売買、ＦＸなど、紆余曲折を経て、コツコツ投資にたどり着いた安隨さんですが、何がいちばん変わったのでしょうか。

「投資を始めた頃は漠然としたあせりから投資をしたいと考えていましたが、今はなぜ投資が必要なのか考えるようになりました。実家がお金に縁がなかったので、兄弟で僕たちだけはお金に困らないようにしたいね、とよく話していました。それがお金を儲けなくてはというあせりにつながっていたのかもしれません」

以前は株を買うと、次の日から何円上がった、下がったと、日々そわそわしていましたが、今は投資方針書も書いたし、1年に何回か資産状況をみるだけの生活です。日々気持ちが乱されたり、強い欲にかられたりということがなくなりました。

「本業に集中できるし、趣味に時間も使えるようになり、気持ちが安定した気がします。何倍も儲けようというよりは、ずっとマーケットにい続けるために、時間はかけないけれども、長期間取り組むというふうに意識が変わったからかもしれません」

安隨さんが投資を始めて、もう1つ変わったのがマイホームに対する考え方です。「投資の勉強をしていくうちに、家も資産であるというふうにマインドセットが変わりました。

もともと家は買うものだと思っていましたが、今も賃貸暮らしです。**資産全体の90%を不動産でもつのはこわいと思っているからです。**もちろん、多少損をしても家族のために家を買うという考え方もありますが、資産全体の中でどのくらいの位置を占めるのか、なぜ買うのかは考えるようになりました」

美味しいものを食べたり、旅行に出かけたり、歴史小説を読んだりと、たくさんの趣味をもつ安隨さん。[29] ゴールは1年のうち半分をオーストラリアで過ごす、あるいは年に何回か旅行に出かけるくらいの経済的な余裕をもつことだといいます。そして、将来は鮨職人を養成する学校にも通いたいのだとか。

「自分でお鮨を握ってみたいです。そして、友人たちを自宅に招いて、いいネタを買って、自分が握ったお鮨を食べてもらいたいなあと思っています。投資については60

[29] **安隨さんの歩み**
2000年 学生時代に茶道部の先生にすすめられて証券会社に口座を開設。
2004~2009年 株の短期売買やFXなど、儲かりそうなもの、流行りものに手を出しては短期でドキドキ。
2010年 ファイナンシャルプランナーに相談。長期的な資産形成を考え始める。
2011年 インデックスファンドの積み立てを始める。

歳くらいから徐々に株式の比率を下げていこうと考えていますが、運用は一生続けていきたいと考えています」

投資の道しるべとなる投資方針書を作成しよう

安隨さんも、前述のセロンさんも、投資をするにあたって**「投資方針書」**をつくっていました。すでに投資をしている人も、これから投資を始めようとしている方も、簡単なものでいいので、ぜひ作成してみてください。

投資方針書というと何やら難しそうですが、要は**「投資をする目的」**や**「どんな方針で投資を続けていくのか」**などを文書にまとめておきましょう、ということです。

なぜ「投資方針書」をつくったほうがよいのでしょうか。

1つは、**長い人生においては、投資に限らず、目的や行くべき方向を定めた「道しるべ」が必要だからです**（おこづかい稼ぎ程度に短期売買をするだけなら、とくに必要ありません）。人生を通し長期で運用を行い、金融資産をできるだけ安定的にふやしたい、リスクを管理していきたいという人にとってはこうした投資方針書はかたわらに置いておきたい存在です。

2つめは、**その場しのぎの方針変更をしないためです。** 長期で運用している間にはさまざまなことが起こります。2008年のリーマン・ショックは記憶に新しいところですが、それ以外にもマーケットが暴落するような「○○ショック」はしばしば起こります。逆に、相場が高騰するバブルもあるかもしれません。相場が大きく変動するときには、「暴落時に安値で売ってしまう」、あるいは「欲をだして高値でたくさん投資をしてしまう」といった行動をしてしまう人もいます。人間はそう強くありません。周りがパニックに陥っているときに、冷静な判断をするのは難しいものです。セロンさんがそうだったように、気持ちが揺らいでいるときにこそ、役に立つツールだと思います。

最近は、ネット上で自分の投資方針書を公開している個人投資家さんもいるので、書き方を参考にしてもよいかもしれません。

また、投資の勉強を進めていくうちに、投資方針や目標、商品選択などが変わってくる可能性もあります。ライフスタイルが大きく変わる場合もあるでしょう。その場合には、柔軟に修正をしていけばよいと思います。長期的に、ご自身のめざす生き方、ライフスタイル、価値観と合致したものになっていくとよいですね。

インデックスファンドを選ぶときは、手数料と継続性を重視する

第2章ではインデックスファンドを組み合わせてコツコツ投資を実践している人たちの事例をみてきました。最後に、インデックスファンドを選ぶときのポイントを挙げておきます。同じ指数に連動するタイプのインデックスファンドを比較するときには、次の2つを確認しましょう。

①手数料
②継続性
③目標とする指数とのかい離

①手数料はとても重要です。同じ指数に連動する投信の中で、保有中にかかる運用管理費用（信託報酬）が安く、購入時手数料がゼロ（ノーロード）で購入できる商品

が望ましいです。

投資信託を購入する際には**「交付目論見書《こうふもくろみしょ》」**という書面を読む必要があります。これは投資信託を設定・運用する運用会社が作成します。運用管理費用や購入時手数料は交付目論見書に記載されています。

投信まとなび[30]やモーニングスター[31]といった投信情報サイトでは、検索機能がついています。**運用管理費用の低いものを何本かピックアップし、ノーロードで購入できるかどうかを確認しましょう。**購入時手数料は、同じ商品でも、購入する販売会社や購入金額によって異なることもあります。

次に、②継続性です。インデックスファンドの中には運用する期間が決まっているものや、信託期間[32]が無期限[33]であっても資産残高が小さくなり、運用の途中で運用が終わってしまうものもあります（繰上償還といいます）。前述の交付目論見書には、信託期間と繰上償還の条件が記載されているので、確認をしてください。

実際の運用状況については、運用内容や投資している資産の状況、今後の運用方針などを記載した月ごとのレポート**（月次レポート）**なども公開されています。

これらは、投信を運用している運用会社や、投信を販売している会社（証券会社や

[30] **投信まとなび**
http://www.matonavi.jp/

[31] **モーニングスター**
http://www.morningstar.co.jp/

[32] **信託期間**
運用期間のこと。

[33] **無期限**
ずっと運用するという意味。

銀行など）のホームページなどで読むことができます。**月次レポートや、前述の投信評価サイトなどで、純資産総額の推移や資金の流出入なども併せてチェックしてください。安定的に資金が流入しているものがよいでしょう。**

そして、③目標とする指数とのかい離です。インデックスファンドは指数に連動するように設計されていますが、実際には指数とは若干離れた動きになります。指数との差のことをかい離といいますが、同じ指数に連動する投信を比較する場合、このかい離が少ない商品がよいでしょう。

2008年以降、低コストのインデックスファンドシリーズが登場してきました。この章で登場した投資家さんたちが利用していた以下のシリーズが代表的です。

- **eMAXISシリーズ**（三菱UFJ国際投信）
- **SMTインデックスファンドシリーズ**（三井住友トラスト・アセットマネジメント）

2015年はコスト競争が激化し、保有コストがさらに割安なインデックスファンドが続々登場し、まさに「コスト革命」が起こった年でした。たとえば、DC専用の運用管理費用（信託報酬）の安いインデックスファンドを一般向けに販売したり、それを受けてライバル会社が運用管理費用を引き下げたり、新たな低コスト・インデックスファンドのシリーズが誕生したり――という具合です。以下に、具体的なシリーズを挙げました。

- **三井住友DCファンドシリーズ**（三井住友アセットマネジメント）
- **＜購入・換金手数料なし＞シリーズ**（ニッセイアセットマネジメント）
- **たわらノーロードシリーズ**（DIAMアセットマネジメント）

各運用会社のインデックスファンドシリーズは、日本株式、先進国株式、新興国株式というように、各資産クラスのインデックスファンドを取り揃えています。品揃えはシリーズごとに異なるので、具体的な商品ラインアップや運用管理費用などについては運用会社のホームページをご覧ください。

また、先に述べたように、手数料だけでなく、純資産総額の推移、指数とのかい離なども
きちんと確認しましょう。

第3章

たった1本保有するだけで、簡単&手軽に国際分散投資ができるバランス型投信の活用法

前章では低コストのインデックスファンドを組み合わせて、コツコツ投資をしている人たちをご紹介しました。第3章ではバランス型投信を軸に投資をしている人たちをご紹介します。

第1章でも少し触れましたが、バランス型投信というのは、複数の資産（日本や海外の株式や債券など）に1本で分散投資できる投資信託のことをいいます。株式や債券、ＲＥＩＴ（上場不動産投信）などを組み合わせて投資するのが特徴です。

一般的には、運用方針に沿って、「日本株式○％」「先進国株式○％」などとあらかじめ資産配分を決めておき、当初決めた配分比率が崩れたときには、運用担当者が元の比率に戻すように調整してくれる（リバランス）機能も備わっています。そのため、何本かのインデックスファンドを組み合わせて運用していく方法に比べて、さらに手間がかからない、よりシンプルな投資法といえそうです。

仕事や子育てに全力投球 投資には極力時間をかけたくない

河本ゆかりさん（仮名・30歳）

職業：公務員。家族：夫（会社員）と息子（2歳）、近々第二子を出産予定。共働き・賃貸。趣味：山登り、劇団四季を観ること。投資歴：1年半

河本ゆかりさんは公務員として働きながら、家事や育児をこなすワーキングウーマン。会社員の夫、2歳になる息子と神奈川県内のマンションで暮らしています。2016年には第二子を出産予定です。

河本さんはマメな性格で、家計簿もきちんとつけるタイプ。家計管理用のエクセルをつくって夫婦がそれぞれ収入を入力。支出については、住宅費を夫、食費を河本さんが負担し、それ以外の支出については、お互い何にいくら使ったかを報告し合って、1カ月に1回清算するシステムにしているそうです。

投資を始めて1年半ほどという河本さんは、最初からバランス型の投資信託を毎月コツコツ積み立てています。

そもそも、河本さんが投資に興味をもったのは老後に備えたいという気持ちがあったからです。

「現在は賃貸マンションで暮らしていますが、夫婦ともに岩手県出身なので、退職したら田舎に帰って、現金で庭付きの一戸建ての家を買いたいね、と話しています。今からきちんと準備すれば実現できると思っています。将来は田舎でのんびりして、庭で野菜をつくる。そして、たまに趣味の観劇や登山を楽しみたい。そういうときにお金のことを気にせずに出かけられるくらいの余裕をもちたいです」

それまでお金の預け先はすべて預貯金。**「少しでも金利が高いところに預ける」ことを心がけてはいたものの、低金利ではそれほどお金はふえません。**投資にチャレンジすることも考えましたが、投資をするにはまとまったお金や時間が必要というイメージがあり、なかなか踏み出せずにいました。

「たとえば、株式投資だと、1つの会社に投資をするのに数十万円、場合によっては数百万円単位のお金が必要な会社もあって、気軽に始めるのはちょっとこわい…。それに今は仕事と子育てで時間の大半をとられてしまうので、投資にそれほど時間をかけられないと感じていました」

そんなとき、立ち寄った郵便局で目にしたのが「NISA《ニーサ》[34]始まります」と書かれた

[34] **NISA**
2014年1月からスタートした少額投資非課税制度のこと。当初は年間100万円、2016年からは年間120万円までなら上場株式や投資信託(公社債投信を除く)を購入しても、その値上がり益や配当、普通分配金などが非課税になる。非課税期間は5年、NISA口座を開設できるのは2023年まで。

ポスターです。ポスターには「投資信託ならドルコスト平均法で毎月1万円から同じ金額ずつ積み立てられる」という説明がされていました。

河本さんはそれをみて「目からウロコだった」といいます。何にそんなに驚いたかというと、まず、トヨタ自動車や良品計画というように1つの会社の株を買わなくても、投資信託という金融商品、つまり株のパッケージを買うという選択肢があること、そして、投資信託なら1万円という少額から始められるということを知ったからです。

さらに、投資をするときには必ずしも一括で買う必要はなく、預金のように「積み立て」という方法で買っていくこともできるのだと初めて知ったそうです。「1万円なら私でも投資を始められるかな、と思い、投資のハードルが下がりました」

そこで河本さんはNISAや投資について勉強しようと思い立ちました。ポスターをみたのは2014年の1月。ちょうどNISAがスタートした時期でもあり、巷ではNISAが話題にのぼっていました。

「NISAという言葉は聞いたことがありましたが、具体的な中身についてはよくわからなかったので、手始めにきちんと日経新聞を読むようにしました。ＮＩＳＡについての特集記事がたくさん載っていたので、それを保存して、自分なりにどういう商品を買おうかと3カ月くらい勉強しました」

投資に関する本を買おうとして大手書店に足を運びましたが、投資本コーナーには株式投資や投資信託、ＦＸ（外国為替証拠金取引）など、たくさんの本が並んでいて、結局、何を読んだらいいのか判断できませんでした。

一方、まったくの初心者が投資関連のセミナーに参加するのもこわいと思い、主にネットで情報を収集することにしました。そのときに出会ったのが水瀬ケンイチさんの『梅屋敷商店街のランダム・ウォーカー』というブログ。インデックスファンドやＥＴＦを使って、あまり手間をかけずに世界中の株式などに分散投資する方法について書かれている人気ブログです。

河本さんはほぼすべての記事を読みましたが、とくに参考になったのは初心者に向けて書かれたインデックス投資を始める具体的な方法について書かれた8ステップで、次のような内容でした。

①なぜ銀行や証券会社は低コストで楽な投資法を個人投資家に隠すのか⁉

②金融危機、リストラ、災害、入院…不測の事態にも安心して投資を続ける秘訣とは
③期待リターンは維持したままに、リスクだけを低減できるのが分散投資のスゴさ
④保有資産の値動きの９割がこれで決まる⁉アセット・アロケーション（資産配分）を簡単に計算する
⑤保有資産の値動きの９割を決める資産配分の「肝」は意外にも日本債券だった！
⑥インデックス投資に必要な投資信託は３０００本以上ある中のたった４本、ズバリこれ！
⑦「ネット証券、積み立て、ほったらかし」で楽ちんインデックス投資生活を始めよう！
⑧最後に教えます！金融のプロは教えてくれない「インデックス投資を続けるコツ」

そこで、ブログにも紹介されていた、大手ネット証券の１つであるＳＢＩ証券に口座を開設。ネット証券では1万円どころか、月５００円から積み立て投資をできると知り、始めてみようという気になったからです。

ただ、投資信託のような値動きのある商品を購入するのは初めての経験です。そこで、河本さんは「少額」から「積み立て」で投資を始めることにしました。

河本さんの資産配分

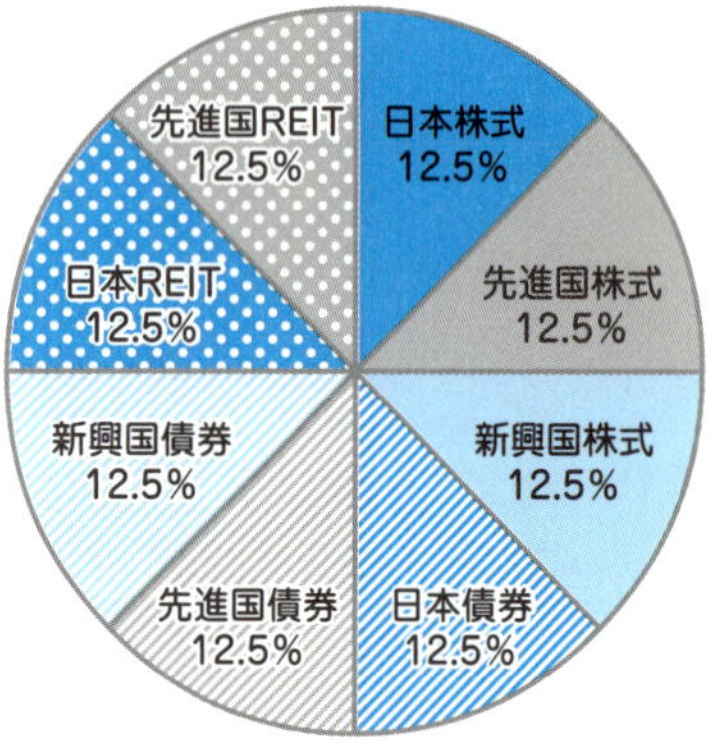

「当時、我が家には生活費の2年半分程度の預金がありましたが、まとまった金額を投資に回すと、日々『下がってないかな』とか『どれくらい損しているかな』とか、気持ちが大きく動揺しそう…。そう思って、**これまで貯めてきた分はそのまま預金に置いておき、まずは毎月1万円から投資信託の積み立てを始めることにしました**」

積み立てる商品として選んだのは、三菱UFJ国際投信が運用する「eMAXISバランス（8資産均等型）」というバランス型の投資信託。日本株式、先進国株式、新興国株式、日本債券、先進国債券、新興国債券、日本REIT（上場不動産投信）、先進国REITの8資産に12・5%ずつ均等に投資を行うものです。

「日本株や海外株などのインデックスファンドを自分で組み合わせて運用するという選択肢もありましたが、どのくらいの比率で組み合わせるかを考えたり、当初決めた比率を調整したりといった作業はちょっと面倒な気がしました。その点、バランス型の投資信託なら、1つの商品を購入するだけで、国内や海外の株式や債券などにまとめて投資ができます。今は仕事と子育てだけで手いっぱい。投資ではできるだけラクしたいと思ったのです」

投資にかける時間は月10分程度 家計のリスク管理にも目覚める

現在はバランス型の投信を積み立てるだけなので、河本さんが投資にかける時間は月に10分程度です。

河本さんのこうした行動をみていた夫の高志さん（仮名）も「面白そうだから、オレも投資をしてみたい」といい始めた矢先、勤務先に企業型ＤＣ（詳しくは第4章）が導入されることが決まりました。ネット証券に口座を開設しましたが、まずはＤＣの運用から始める予定です。

一方、公務員である河本さんは今のところ、ＤＣに加入することはできません。
「夫の勤務先の企業型ＤＣの商品ラインアップをみると、投資信託の運用管理費用が一般に証券会社や銀行などで販売されている商品に比べてかなり安くて、うらやましい！　法律が改正されて、公務員も個人型ＤＣに加入できるようになったら、私もぜひ加入したいです。加入できたら、インデックスファンドを組み合わせる方向に、あらためて商品構成を見直してもよいかな、と思っています」

投資を始めたことで、お金のリターン以外に得られたことも多いとか。
「資格の勉強に興味がわいたのが大きなリターンだと思います。日経新聞にしっかり目を通すようになったので、投資以外の、公的年金や保険などの記事にも関心が向くようになりました。（投資を始めたことで）ファイナンシャルプランナー（ＦＰ）の試験を受けたり、社会保険労務士の勉強を始めたり…。**興味・関心が広がり、面白い**

なあと思うようになりました。

仕事の関係で、社会保険に精通していないといけないのですが、じつは以前はそれほど関心が高いわけではありませんでした（苦笑）。今回、社労士の勉強をしてみて、あらためて勉強になりました。**そういう意味では、結果的に仕事にも生かせていますね**」

また、投資に限らず、お金の勉強をしたことで家計のリスク管理についても考えるようになりました。

「たとえば、夫の会社には従業員持株会制度があります。以前はやったほうがいいといっていたのですが、勉強していくと、**投資先と勤務先が一緒というのはリスクの集中を招くからやめたほうがいいと考えられるようになりました。**保険の勉強をして、保険に頼りすぎていたこともわかりました。第一子のときは何も考えずに学資保険に加入しましたが、第二子が生まれたら学資保険には加入しないかもしれません。いろんな意味で、我が家は〝リスク過多〟だったのだと気づくきっかけになりました」

個別株やFXの才能はないと自覚
結局、バランス型に落ち着く

ここまでみてくると、NISAのポスターをみてから、3カ月で投資を始めた河本さんは順調にみえますが、じつは失敗もあります。

手間をかけない投資をめざしたはずが、投資をしたら面白くなってしまい、「FX（外国為替証拠金取引）なら短期でもっと儲けられるのではないか」と、魔がさしたのです。折しも、その時期はすごい勢いで円安ドル高が進んでいました。

「いきなりFXをやるのはこわかったので、まずは米ドル建ての外貨MMF（マネー・マネージメント・ファンド）にトライしてみました。そのとき、1ドル＝120円だったのですが、どの専門家も今週末までに125円になると予想していたので、10万円だけ投資してみました。が、125円に向かう気配がまったくない（苦笑）。短期で儲けようと思ったので、為替の動きが気になって、仕事中に何度もトイレに行ってケータイで為替をチェックしてしまい、仕事が手につきませんでした。この件で予測はなかなか当たらないのだと勉強になりました。そして、自分には短期売買は全然向いていないと悟りました。まして、投資金額の何倍ものお金を動かすＦＸは私には無理ですね」

夫婦で仮想通貨を使って株を買うコンテストに参加したこともありますが、２人とも結果は散々だったとか。

「自分が知っている業種は限りがあるので、その中で個別株を組み合わせて分散投資をするのには無理があります。株式投資をするなら、きちんと勉強するか、よほど応援したい会社がないとダメですね」

毎月1万円から始めた投信積み立てですが、徐々に積立額をふやし、今は毎月５万円を積み立て投資に充てています。最初は自分たちの老後に向けた資産形成が主目的でしたが、お子さんの学資用、そして将来の住宅の取得用としても投信の積み立てを活用しようと考えるようになったからです。

最終的な目標金額は決めていませんが、夢を実現するために、年代ごとの投資額はイメージしています。具体的には、30代は毎月5万円、40代は子どもの教育費がかかるので月３万円程度、そして、子どもが手が離れてから60歳になるまでは月10万円の積み立てをめざします。

「ゴールは30年、40年先なので、下がってもジタバタしないように、無理のない範囲で投資を続けていきたいです」

彼女がいちばん参考にしたブログは、インデックスファンドやETFを組み合わせて運用する内容について書かれたものです。しかし、河本さん[35]は共働きで、2歳のお子さんがいます。

「今は仕事と家事と子育てで精一杯」「投資についてはラクしたい！」という彼女が選んだのはバランス型投信の積み立てでした。

投資の基本型を押さえることも大切ですが、情報を得たうえで、自分なりに咀嚼して、自分に合った方法、続けられそうな商品・手法を選ぶことも必要です。

「生活費2年半分」の貯蓄には手をつけず、安心を担保

[35] **河本さんの歩み**
2014年1月 郵便局で「NISAスタート」のポスターみて、少額から投資できる方法もあることに気づく。
2014年1〜3月 ネットで情報収集。ブログ『梅屋敷商店街のランダム・ウォーカー』に出会い投資を決意。
2014年4月 ネット証券に口座を開設。毎月1万円から投信の積み立てをスタート。
2015年春 積立金額を毎月5万円にアップ。

投資を始めるとき、河本家には生活費を2年半まかなえるくらいの預金がありました。それはそのまま預金に置いておき、新たに積み立てる分だけを投資に充てました。お金をふやすという観点でみれば非効率かもしれませんが、「いきなり数百万円を投資したら、値動きに一喜一憂して感情の〝揺れ〟が激しくなりそう」「生活費の2年半分を定期預金にとっておけば、何があっても安心できる」と考えた結果です。

投資初心者の中には、大きく儲けたいと考えて、精神的にも経済的にも自分のリスク許容度を超えた金額で投資を始めてしまう人もいます。そして、下がったときに耐えきれずに、せっかく始めた投資をやめてしまったり、あるいは下がったところで売ってしまったりするケースをよく目にします。

下がっても耐えられる金額というのは属性や収入、金融資産や負債の額などによって一人ひとり異なります。**投資を始める前に必ず「自分（あるいは我が家）はどのくらい投資に回さないお金が手元にあると安心なのか」をイメージすることが大切です。**

自社株を購入する場合、購入額に5%程度上乗せして株を買える会社もあるので、「けっこうお得」と思ってしまう人も多いようです。しかし、リスク分散という観点からみると、自分が働く場所とお金に働いてもらう先は分けておいたほうが安心です。以前、自社株を購入していた知人（証券会社やゼネコン勤務）は、会社が破たんしたときに、仕事（お給料をもらう先）だけでなく、金融資産の一部（自社株）も失ってしまいました。

破たんまではいかなくても、株価は会社の業績とある程度連動します。業績が好調なときにはお給料や（最近は業績連動型が多い）ボーナスも期待できますが、逆に株価が低迷しているときにはボーナスはさほど期待できない（最悪の場合には支給されない）ということもありえます。

投資をする場合には、「自分の稼ぎ力」を補完する、あるいはリスクを分散できるというかたちが望ましいです。たとえば、証券会社で働いていて、お給料やボーナスが金融市場と連動性が高い人は、株式投資の比率を少なめにしておくことも考えられます。あるいは、勤務先の企業はユーロ圏の売上比率が高いので「円安ユーロ高」のときに業績がよくなる傾向にある場合は、投資ではユーロ資産を少なめにするという考え方もできるかもしれません。そこまで厳密でなくても、「お給料や報酬をもらう先」と、お金に稼いでもらう先は分けておくということは意識してください。

「投資をしていないと、好景気の恩恵を受けられない」と気づく

柴崎亮さん（仮名・37歳）
職業：民間の団体職員。家族：妻、息子（小学生）と娘（未就学児）。片働き・持ち家。趣味：格闘技（実践も観戦も）、体を鍛えること（ウエイトトレーニングなど）、ブログを書くこと、読書、映画鑑賞、子供と一緒に虫とりなど。投資歴：10年以上

柴崎亮さん（ハンドルネーム「虫とり小僧」で『いつか子供に伝えたいお金の話』というブログ運営）は民間の団体職員。専業主婦の妻と小学生の息子、未就学児の娘と郊外の一戸建てで暮らしています。趣味は格闘技（観戦・実践とも）で、日ごろから体を鍛えるのが好きという体育会系気質。休日はお子さんと遊んだり、虫とりに出かけたりと、家族と一緒に過ごす時間も大切にしています。

洋服にはそれほどお金をかけず、保険料は徹底節約。時間を過ごすなら、お得に過

ごしたいというのがポリシー。クレジットカードのポイントも積極的に利用します。「家計管理は100%ぼくが担当していて、給与の中から毎月の生活費を嫁に渡しています。嫁は投資には興味がないし、ぼくを信頼しているのか、家庭であまりお金の話はしませんね。どちらかというと、ぼくが延々と話をして、嫁はたぶん面倒くさいなあと思いながら聞いているような状態です（笑）」

そんな柴崎さんが最初に投資を意識したきっかけは、2002年頃からの数年間、戦後最長の好景気といわれるなか、実生活でその実感をまるで得られなかったこと。「ニュースでは好景気だといっているけれど、いったいどこが好景気なんだろう？給料はふえないし、巷ではあそこの店が潰れたとか、知り合いがリストラされたとか、景気のよい話は全然聞こえてこないのに…」と。

1人でビールを飲みながら思案した結果、**「好景気の恩恵を受けるためには投資をする（株主になる）しかないのかなぁ」と思いいたったそう。**というのも、当時、日経平均株価は右肩上がりに上昇していたから。つまり株をもっている人は好景気の恩恵を受けていたのです。柴崎さんはその事実に気づいたものの、そのときは「投資って、なんかこわそう…」と思ってしまい、具体的な行動を起こせずにいました。

柴崎さんの背中を押す直接のきっかけとなったのは、2005年に保険の営業マンに終身保険をすすめられたことです。当時付き合っていた女性（今の奥様）との結婚を意識し始めたこともあって、入念に保険の比較検討をしていたのです。

そのなかで、「なぜ保険会社は我々から集めたお金よりもたくさんの支払いを約束することができるんだろう」と疑問に思い、そこから生命保険について調べ始めます。その結果、保険会社は手数料を差し引いたお金で「運用」というものをしているらしいということがわかってきました。

「自分で運用ができるのであれば、高い手数料を払って貯蓄性保険商品に入るよりも保険商品は万が一のときの大きな保障だけにして、お金をふやす運用は自分でしたほうがよさそうだと思い始めました」

そう思い立ったものの、周りに相談相手はいません。投資に関する相談なんて、なんだか怪しいギャンブルだと思われそうで、身内にもいえませんでした。そこで、「まずはひたすらインターネットで検索。当時はネットの情報があまり充実していなかったため、無理やり彼女（今の奥様）を連れて、投資信託の評価会社であるモーニングスターが主催する投資信託の無料セミナーに行ったりしました。真面目な彼女は、最初は熱心にメモをとっていたものの、途中から寝てしまい、お金の運用の話はふつうの人にはハードルが高いと思ったのを覚えています（笑）」

3つの方針を決めて、インデックスファンドを組み合わせて運用

柴崎さんのそれまでのお金の預け先といえば、すべて預貯金。元本保証のない世界に足を踏み入れることはこわかったといいます。その一方で、経済や金融市場のことを勉強しているうちに、**このまま将来にわたって円預貯金しかもたないことにも不安を覚えました**。将来どうなるかはわからないけれど、**円安やインフレに備えるという視点も必要だ**と感じるようになったのです。

そこで、最大限節約すれば2年間は生活できるだけのお金を預金口座に確保したうえで、投資信託の積み立てをスタート。最後に背中を押したのは「好奇心と勢い」だったそうです。

「運用について調べているうちに、インデックスと呼ばれるさまざまな市場の平均値

を指数化したものが存在することを知りました。大儲けをするならインデックス投資などではなく、個別企業の株式売買や信用取引をしたほうがよいのかもしれません。でも、自分には個別企業の財務や価値の分析、業績の株価への織り込まれ具合などを考えている時間はありません。仮に時間があったとしても、そんな器用なことができるとは思えませんでした」

そこで、資産形成のために次の3つの方針を決めて、複数のインデックスファンドを組み合わせて世界中の株式や債券に分散投資を行うことにしました。

①幅広く分散したい

②低コストで投資したい

③主力は株式にしたい

ところが、投資を始めると予想もしていなかったことをしてしまいます。たとえば、

- 金融の専門家といわれる人たちのレポートを読んで、自分で決めた資産配分を変えようとしてしまう
- 相場が上昇してくると「暴落するのではないか」とこわくなって、頻繁にリバランスを繰り返してしまう

●ちょっと株価が下がっただけで、すぐに「買いどきだ！」と思って、毎月の積み立て投資とは別に追加投資をしてしまう

●毎日、ネット証券に何度もログインとログアウトを繰り返す

●為替と世界の株式市場の値動きを24時間いつでもチェックできるようケータイサイト（当時まだスマホは存在せず）をブックマークして、チェックしまくる

こんな感じで、一生懸命に勉強して一度決めた資産配分を変更しようとしたり、情報収集をして少しでも手数料の低い商品（たとえば海外ＥＴＦ）を買ってみたり、積み立て投資をしているのにタイミングを考えて買おうとしたり…。投資を検討する段階では、「投資に生活の時間をとられたくない」という前提で方針を決めたのに、いざ始めてみると、投資にかなりの時間を費やしていました。

転機はバランス型で運用する友人より成績が悪かったこと

そんな柴崎さんが方針転換を決める決定的な出来事となったのが、バランス型投信

の積み立てをしていた友人の成績を知ったことです。

「友人はセゾン・バンガード・グローバルバランスファンド[36]というバランス型の投信を淡々と積み立てていました。一方、ぼくは友人の4分の1の手数料で投資をし、投資するタイミングも一生懸命に考えていました。ところが、リーマン・ショックから2年ほど経ったときに運用成績を比較したら、彼のほうがよかったんです…」

このとき、柴崎さんは**ある程度、基本型を押さえておけば、労力をかけても運用成績はそれほど変わらないということを実感したそうです。**

「もちろん、投資を始めた時期や、どの時点で運用成績をみるかによっても結果は違うので、一概にどちらがよいとはいえません。ただ、一生懸命に効率的な資産配分を追求したり、手数料がもっとも安い商品を追いかけたりするのはほどほどでいいかな、と。投資に回さないお金（預貯金などの安全資産に置いておくお金＝無リスク資産）だけはしっかり確保しておいて、あとはできるだけ手間をかけないシンプルなスタイルにすることが大事というところに行き着きました。

コストはとても大切ですが、投資にかける時間もコストです。体感的に気づくのに少々時間がかかりましたが、ぼくにとって、投資は家族との時間を割いてまでするも

[36] **セゾン・バンガード・グローバルバランスファンド**
セゾン投信が運用するバランス型の投信。株式と債券の比率は50％ずつ、それぞれ地域ごとにほぼ世界の時価総額に沿った配分になっている。1本で30カ国以上の株式と10カ国以上の債券に投資することが可能。自社で直接販売する形式をとる。

のではなかったのです。それに、本業がありますしね」

そこで、資産管理の項目に新たに2つを加え、優先順位も見直しました。

①手間をかけずにシンプルに管理したい（↑新たに追加）
②幅広く分散したい
③低コストで投資したい
④主力は株式にしたい
⑤でも、多少はいじる余地をもっていたい（↑新たに追加）

投資を始めたときは何よりも手数料の安い商品を使って分散投資をすることを資産管理の最優先事項としていましたが、「手間をかけずにシンプルに投資する」ことを優先する気持ちが強くなったからです。

「低コストにこだわりすぎて、投資商品を次から次へと乗り換えたり、情報をインプットしすぎてコロコロと資産配分を変えたりしないと心に決めたのです」

もっとも、本人曰く、面倒くさがりなのに、自信過剰[37]という性格は変えられそうにありません。「オレは相場を読める」「うまく運用できるはず」と思ってしまうと、た

[37] **自信過剰**
行動経済学では「オーバーコンフィデンス」といって、よく陥る行動。

柴崎亮さんの資産配分

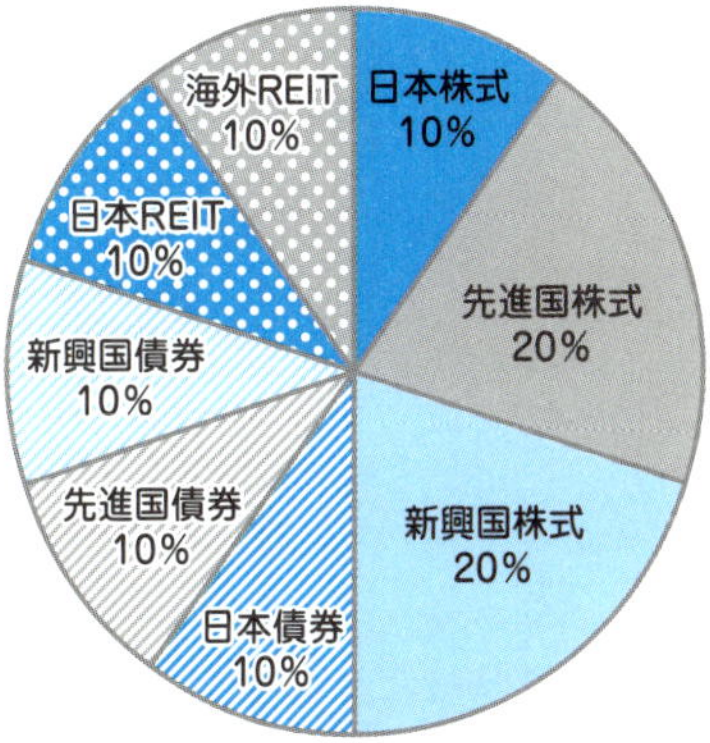

※上記はリスク資産（＝投資に回しているお金）の資産配分。これとほぼ同額の無リスク資産（預貯金や個人向け国債）を保有。無リスク資産は「生活費の２年分の生活防衛資金（絶対に投資に回さないお金）」を含む

とえば、新興国株が下がっていると「今は新興国株の比率をふやしたほうがよさそう」などと考えて、資産配分の変更や頻繁な売り買いといった余計なことをする可能性があります。そこで、あらかじめ資産配分が決まったバランス型投信をメインに利用することにしました。

　今は、８資産（日本株式、先進国株式、新興国株式、日本債券、先進国債券、新興国債券、日本ＲＥＩＴ、海外ＲＥＩＴ）に均等投資をする、おまかせ型のバランス型投信をメインに積み立てをしています。

　ただ、この１本を積み立てるだけ

では面白みに欠けます。そこで、自分でも少しだけ資産配分の比率を調整できる余地を残しました。

毎月、核となるバランス型投信に積立額の80％を振り向け、残り20％の枠で先進国株式と新興国株式のインデックスファンドをそれぞれ10％ずつ積み立てることにしました。投資しているお金全体でみると、先進国株式と新興国株式の比率が高くなっています（125ページの図参照）。

複数利用していた証券口座も、ＳＢＩ証券に集約しました。ＳＢＩ証券にしたのはネット証券最大手であり、ポイント還元率[38]が高いためです。

今のスタイルにしたことで、柴崎さんが投資に費やす時間は月に数分程度になりました。月に１〜２回程度、資産状況を確認して、必要があれば、リバランスなどのメンテナンスを行うだけですむからです。

柴崎さんが保有する投信は次のとおりです。

ＳＢＩ証券

- **eMAXIS バランス（8資産均等型）**（三菱ＵＦＪ国際投信）

[38] **ポイント還元率**
SBI証券は投資信託の保有額に応じてポイントが付与されるしくみになっている。保有額が1000万円未満の場合は保有額の0.1%、1000万円以上の場合は保有額の0.2%のポイントをもらえる。

● ＜購入・換金手数料なし＞ニッセイ外国株式インデックスファンド（ニッセイアセットマネジメント）

● 野村インデックスファンド・新興国株式（Funds《ファンズ》-i《アイ》新興国株式）（野村アセットマネジメント）

※このほか、趣味程度に個別株も保有

子どものお年玉も預金とバランス型投信で運用

自分だけでなく、２人の子どものお金も一部をバランス型の投信で運用[39]しています。

たとえば、子どもがお年玉をもらったり、入学祝いをもらったりすると、柴崎さんは半分を子ども名義の預金に預け、残りの半分はバランス型の投信を購入します。

「子どもに渡すのは、結婚するときになるか、大学入学のときになるのかはっきりしていませんが、どこかの段階で『お前たちが子どもの頃からもらったお金をすべて、預金とバランス型投信で運用してきたら、それぞれこれだけの金額になったんだぞ』

[39] **バランス型の投信で運用**
長男は「世界経済インデックスファンド」、長女は「SMTインデックスバランス・オープン」（運用はともに三井住友トラスト・アセットマネジメント）で運用している。

といって、そのしくみを説明したいですね」

とはいっても、投資教育にはあまり関心はありません。月々のキャッシュフローの中で貯蓄できる体質を身につけるほうが大事だと考えるからです。**「家計が黒字になって初めて、その一部を投資に振り向けられるわけですから」**と柴崎さんはいいます。[40]

柴崎さん[40]は「投資をしてめちゃくちゃよかった」といいます。理由は、「資本に投資することの効率性を感じられたことですね。一時的に半分くらいに減ることを許容できれば、過去の歴史においては**年率平均5～6%程度のリターンが得られたわけですから。使わないお金があるのに、投資しないのはもったいないなあと思います**」

投資を始める段階では、「将来のため」「老後のため」といった漠然としたイメージしかなく、具体的な目的や目標金額は決めていなかったそう。逆に、投資に取り組んだことによって、ライフプランを真剣に考えるようになったといいます。

「お金の心配をしなくてもすむ段階をゴールにしていますが、じつはまだあまり明確にはなっていません。ゴールに到達しても投資は続けるつもりですし、仕事など社会

[40] **柴崎さんの歩み**
2005年 保険の営業マンに終身保険をすすめられる。保険は最低減の保障にして運用は自分でやろうと決意する。
2005年後半 投資をスタート（インデックスファンドを組み合わせる投資方法のほか、一部個別株にも投資）。
2010年 バランス型投信を積み立てていた友人のほうが成績がよいと知り、ショックを受ける。
2012年 バランス型を中心にしたコツコツ積み立てに切り替える。

とのつながりもキチンと確保したいと考えています。今ブログを書いていますが、それを書き始めたのも投資をしていたから。全国各地の個性あふれるブロガー仲間と友だちになれたのも大きなリターンです」

まとまった金額があれば、一括投資していい

投資をしてよかったと語る柴崎さんですが、値動きに慣れるのに半年くらい、心を乱されなくなるのには、4～5年かかったといいます。投資を始める前に投資に関する本をたくさん読んではいましたが、「元本保証がない」と書かれていても、どこかで楽観的に考えていたところもあったからです。

「たとえば、キツイ運動部に入る前にキツイといわれても、そんなもん大丈夫だ！と思ったりするわけですが、実際のキツさは想像とは違うリアルさがあります。投資も一緒で、『長期投資なら大丈夫』くらいのイメージで始めたものの、最初は値動きが気になって仕方がなかったです」と体育会系らしいたとえで表現してくれました。

とくに最初の頃は基準価額の動きが気になって仕方なく、毎日21時前後に更新される、投信の評価サイトで毎晩チェックして記録していたといいます。

「慣れもありますが、投資しているお金が一時的に半分になる可能性もあると覚悟して、腹を括ることができれば、こわくはなくなると思います」

それでもこわそうという人は、まずは少額から始めることをおすすめします。


投資を始めるとき、すでにまとまった金額がある人は一括で投資をしたほうが合理的だとはよくいわれることです。結婚前にマジメに貯金をしていた柴崎さんも、まとまった預金があったので、一括で投資をしました。ところが、投資を始めて3年ほどでリーマン・ショックに遭遇。投資したお金は半分近くまで減ってしまいました。

「正直、ウン百万円のマイナスをみたときには、かなりヘコみました。何とかもちこたえて売らなかったので、結果的にお金をふやすことができましたが、あのときの感情面を考えると……正直キツかったです。

今あるお金を一括で投資したほうがよいか、分けて買っていくべきかということは投資家の間でもよく議論になります。当時の経験から**『理論上はまとまったお金があ**

ったら一括投資がよいのですが、メンタル的には相当キツイよ』ということはいっておきたいです」

一括で投資をする場合には、あくまでも耐えられる範囲、無理のない範囲がどこまでなのかをよく考えたうえで実行したいものです（第1章の35ページ参照）。あるいは、今あるお金は預金に預けておき、新たに積み立てるお金だけ投資に振り向ける、でもよいと思います。まずは無理のない範囲で始めましょう。「こわくなって途中でやめてしまわない」ことがじつはいちばん大事なのです。

さまざまな種類があるバランス型手数料が割安なものも続々登場

第3章では、バランス型の投資信託をメインにコツコツ投資をしている人の話をみてきました。２人が活用していた投資信託は日本株式、先進国株式、新興国株式、日本債券、先進国債券、新興国債券、日本ＲＥＩＴ、先進国ＲＥＩＴの8資産に分散して投資するタイプ。一方、柴崎さんのお友達が活用していたのは、世界中の株式と債

バランス型投信のチェックポイント

①投資対象

国内外の株式、債券、REITなど、どんな資産クラスに投資しているか?

②資産配分

国内資産と海外資産の割合・各資産クラスの割合は?
その割合になっている理由は?

③運用スタイル

パッシブ(消極的)かアクティブ(積極的)か?

④手数料

購入時手数料・運用管理費用(信託報酬)は何パーセントか?

⑤運用実績

過去のリスク・リターンはどれくらいか?

券に半分ずつ投資をするタイプで、REITは含まれていません。このように、ひと口にバランス型といっても商品によって中身はさまざまです。

コツコツ投資の中心に据えるなら、世界中の株式や債券に幅広く分散された商品を選ぶのが大前提です(そこにREITが含まれてもいい)。

上の図にバランス型投信のチェックポイントをまとめました。

まずは**①投資対象**です。どの資産クラスに、どれだけ投資をしているかを確認しましょう。

次に、**②資産配分**(国内資産と海

外資産の比率、株と債券の比率など）やその資産配分にしている理由（資産配分の決定プロセス）などを確認しましょう。

そして、③**運用スタイル**です。複数のインデックスファンドに投資を行うタイプとアクティブ運用のタイプがあります。投資の中核に据えるなら、まずはインデックスファンドを組み合わせたものを活用しましょう。

さらに、④**手数料**です。以前は、バランス型投信＝手数料が高いというイメージでしたし、実際インデックスファンドを組み合わせるよりも、かなり割高な投信が多かったのも事実です。

ところが、最近は、購入時手数料が無料で、保有中の運用管理費用（信託報酬）が割安なバランス型の投信も出てきています。なかには、インデックスファンドを組み合わせて運用するよりも「割安」なバランス型も登場しています（たとえば、ニッセイアセットマネジメントの「＜購入・換金手数料なし＞ニッセイ・インデックスバランスファンド（４資産均等型）」）。

まだ手数料が高いものが主流ではありますが、きちんと選べばコツコツ投資の核として使えそうな投信もふえてきました。

最後に⑤運用実績を確認しましょう。とくにリスク（期待リターンからの変動幅）の数値を「投信まとなび」や「モーニングスター」といった投信情報サイトで確認してください。

組み入れている資産の種類やその配分によってリスクは異なります。数値が大きいほど価格の変動は大きくなり、リスクで示された数値（標準偏差）の2倍くらいは期待されるリターンを起点に上下に変動するというふうにイメージしてください（223ページ参照）。

バランス型を選ぶかどうかは、投資との付き合い方しだい

この章で登場した河本ゆかりさんは仕事や子育てで忙しいため投資に時間と手間はかけられないとバランス型投信を選択しました。柴崎亮さんは「自信過剰」な性格なので、自分で組み合わせると常に投資が気になってしまうため、バランス型投信を中心にして、ちょっとだけ手を加えるというところに落ち着きました。

逆にいえば、自分でインデックスファンドを組み合わせるのが苦でない人は無理にバランス型を選ぶ必要はありません。柴崎さんも、「自動車のオイル交換を自分でやるような人は自分でやったほうがいい（＝インデックスファンドを組み合わせて運用すればいい）」とアドバイスしています。

もっとも、そこまでできない、あるいはしたくない人はバランス型投信を購入するのも1つの方法です。投資にどのくらい時間や手間をかけられるか、そして自分の性格も分析してみて、バランス型が適しているかどうかを判断しましょう。

本来、バランス型投信は1本で運用をおまかせできる（＝完結できる）のがよいところです。そこに、別の投資信託を組み合わせたり、個別の株式を組み合わせたりすると、手間という面では最初からインデックスファンドを組み合わせるのと大差ないかもしれません。資産の管理を考えると、むしろ煩雑になる可能性もあります。

たまに、同じタイプのバランス型を何本も保有する人をみかけますが、あまりおすすめできません。

自分がいいと思える資産配分に近い商品がある、できれば1本で投資を完結させたい――などという人はバランス型投信を軸にコツコツ投資をするとよいでしょう。
最後に、運用実績があり、保有中にかかる運用管理費用（信託報酬）が比較的安く、ネットで購入すると購入時手数料が無料で買えるバランス型投信の例を挙げましたので、参考にしてください。

- **世界経済インデックスファンド**（三井住友トラスト・アセットマネジメント）
- **セゾン・バンガード・グローバルバランスファンド**（セゾン投信）
- **SBI資産設計オープン（資産成長型）〈愛称スゴ6〉**（三井住友トラスト・アセットマネジメント）
- **eMAXIS バランス（8資産均等）**（三菱UFJ国際投信）

第4章

「非課税」という武器を最大限に生かす確定拠出年金を使った投資法

確定拠出年金のメリットは、運用益が非課税で、手数料が安い

第3章まで、コツコツ投資を実践している投資家さんたちのケースをみてきました。投資との付き合い方は人それぞれですが、投資を始めるきっかけとして、最近ふえているのが「**勤務先の会社で確定拠出年金が導入されたから**」という理由です。

この章では会社で確定拠出年金が導入されたのをきっかけに、投資について考え始めた人たちの事例をご紹介します。

その前に、確定拠出年金について簡単におさらいしておきましょう。

確定拠出年金には、会社が導入し、その会社に勤務する会社員が加入する「**企業型**」と、自営業者や勤務先に企業年金のない会社員が自分の意志で加入を決める「**個人型**」があります。まず「企業型」について説明します。

多くの会社では「**退職給付制度**」を設けています。退職給付制度というのは、企業が従業員の退職後の生活を支援するために導入している制度のことで、退職時に一括

企業型ＤＣは企業年金の一種

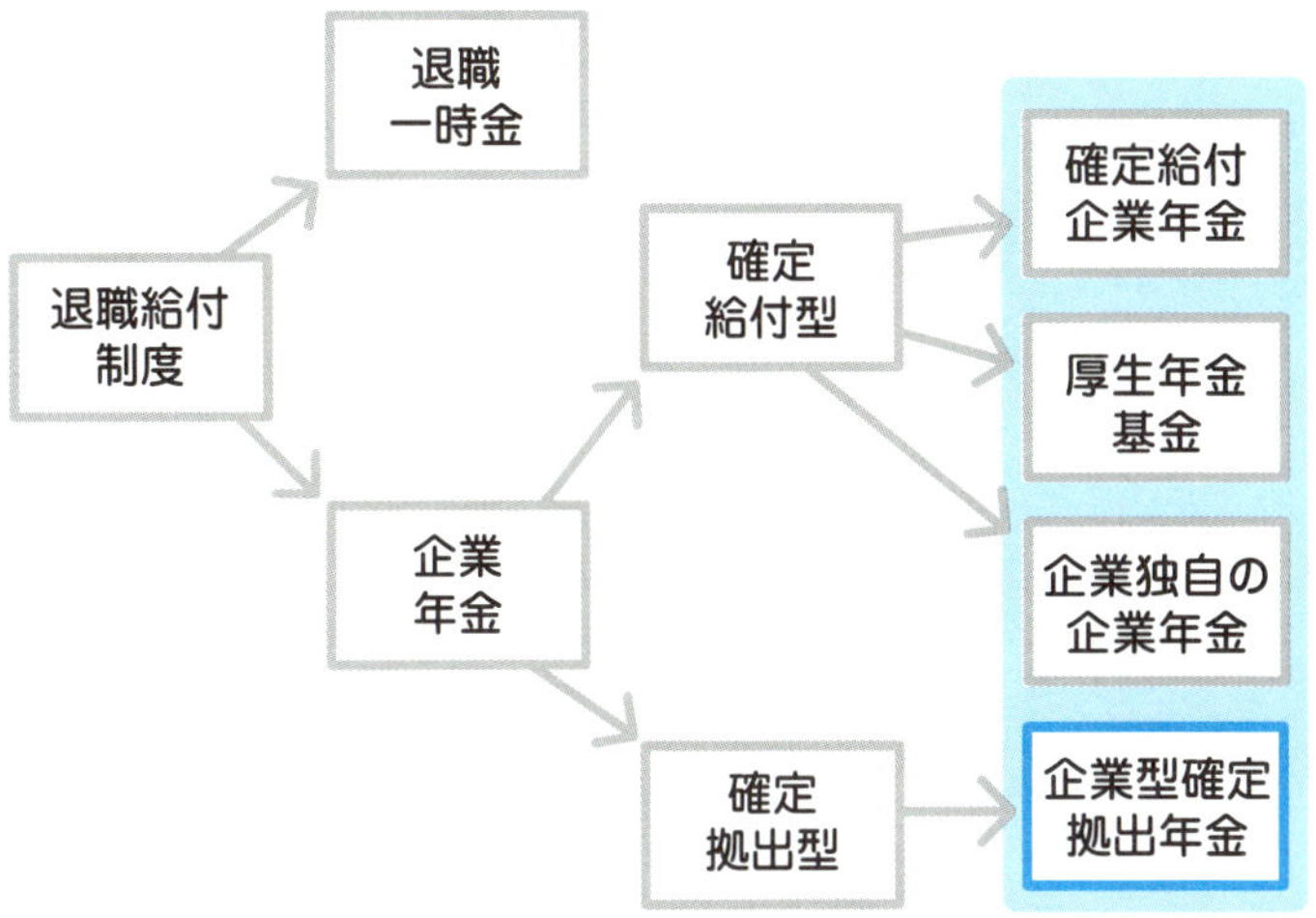

で受け取る**「退職一時金」**と、退職一時金を年金化した**「企業年金」**に分けられます。退職一時金はその名のとおり、退職時に一括で受け取れるお金です。一方、企業年金は一定の期間、年金形式でお金を受け取るしくみです。年金方式での受け取りだけでなく、一時金を選択できるケースもあります。

　企業型確定拠出年金（以下、企業型ＤＣ）というのは企業年金の一種です。企業年金には、将来受け取る年金額が確定している**「確定給付型」**[41]と、掛金（拠出額）だけを決めておき、その運用しだいで受け取る

[41] **確定給付型**
あらかじめ将来受け取る年金給付の算定方法が決まっている制度(運用の責任は会社が負う。運用結果が悪ければ、企業が不足分を穴埋めする)。

年金額が変わる**「確定拠出型」**があります。**後者が企業型DCで、２００１年10月からスタートした制度です。企業型DCに加入している人は約５４６万人（２０１５年10月末）で、今や会社員の約６・６人に１人が加入しています。**

企業型DCの場合、会社が毎月の掛金を出します。[42] その掛金をどう運用するかは加入者自身が判断します。具体的には、預金や保険商品、投資信託などの中から、商品を選んで運用します。そして、60歳から70歳になるまでの間に、一時金か年金方式（併用も可）でそのお金を受け取り始めます。どんな商品を選んで、どう運用していくかによって、将来受け取る金額には大きな差がつきます。

「自己責任」が強調される企業型DCですが、よい面もあります。将来の支給額が約束された確定給付型の企業年金の場合、予定どおりの運用ができずに積み立て不足が発生すると、現役世代の予定利率が引き下げられることもあります。また過去には退職後に企業が経営危機に陥り、OBも含めて支給されている年金額がカットされた企業もありました。

一方、企業型DCは自分でリスクをとって運用を行う必要はありますが、会社の経

[42] **会社は掛金を出します**
２０１３年１月から規約を変更すれば、会社が出す掛金に追加して個人が掛金を出せるようになっている。

確定拠出年金のイメージ

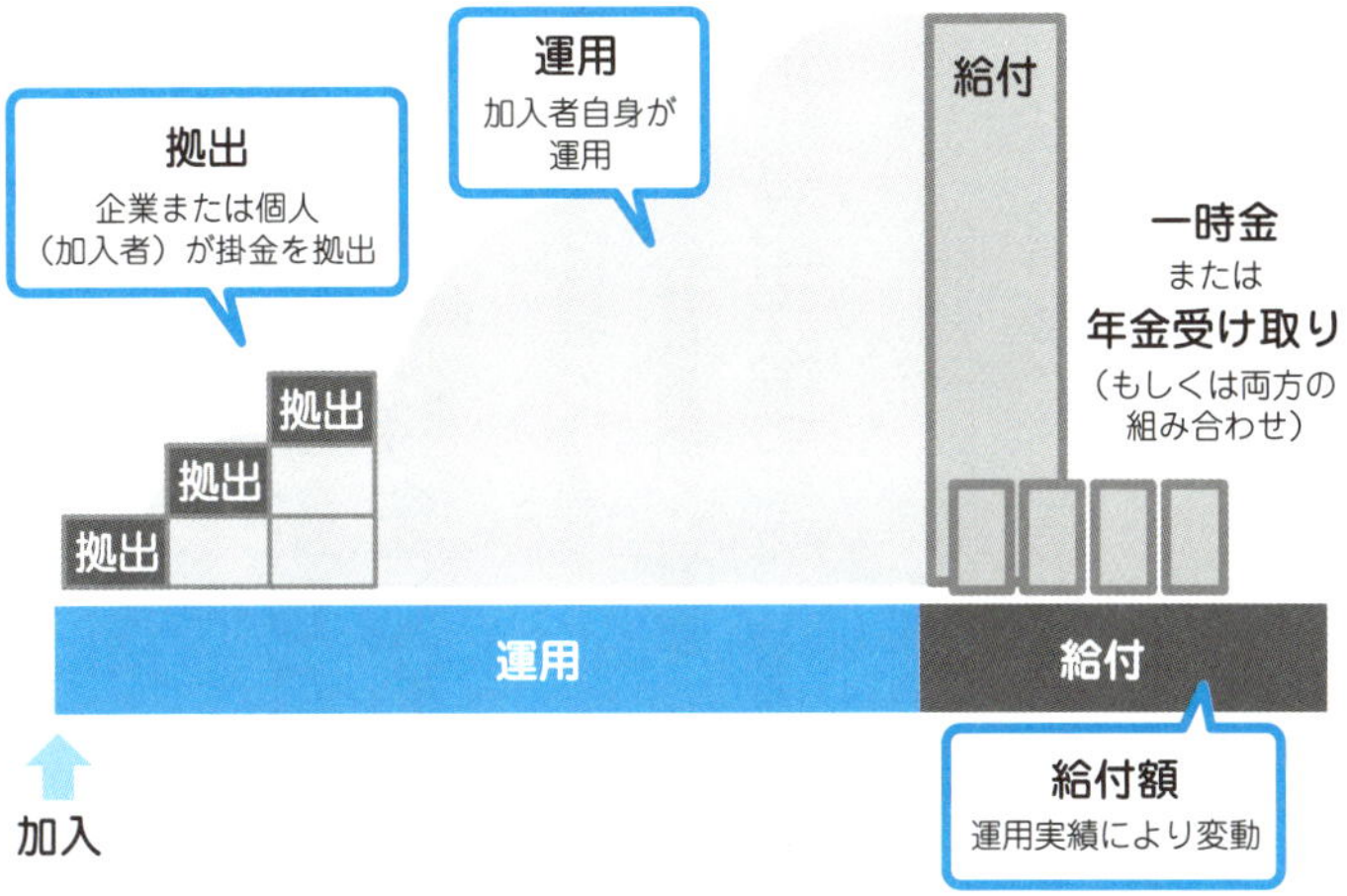

※給付期間中も資産残高があれば運用を行える

営危機や破たんといった影響を受けることはありません。

また、DCは「原則、60歳まで受け取れない」という制約はありますが、長期にわたって金融資産を運用していくうえで、

- **運用益が非課税である**[43]
- **投資信託の手数料が低い（購入時手数料がかからず、保有中にかかる運用管理費用が安い）**

というメリットがあります。退職後に向けた資産形成が目的であれば、証券会社や銀行で投信を買う前に、DCの口座で優先的に運用したいものです。

[43] **運用益が非課税**
運用資産に対して年率1・173%が課税される特別法人税は2017年3月まで課税が凍結されている。過去には延長を繰り返しているが、今後の動向に注目されたい。

ここから企業型ＤＣの導入をきっかけに投資について考え始めた２人のケースをご紹介します。

会社が企業型ＤＣを導入、投資の勉強を始める

早川友子さん（仮名・53歳）
職業：会社員（設計補助）。家族：母親と2人暮らし。独身。趣味：洋裁、竹のバスケットなどを自分で編むこと、読書。投資歴：10年以上

早川友子さんは大手建設会社で働く会社員です。平日は仕事に励み、休日は本を読んだり、竹製のバスケットをつくったりして過ごします。とくに、ナンタケットバスケット（米国のナンタケット島の伝統工芸品）という、シンプルな竹で編んだかごがお気に入り。１つつくるのに数カ月かかることもあるそうです。

早川さんが投資を始めたきっかけは、２００５年に勤め先の会社の企業年金制度が

確定給付型から確定拠出型に替わったことです。１００人以上が入る広い会場に従業員が集められて、担当者から企業型ＤＣの制度や運用する商品について説明を受けました。

「担当者から『あとは自分で資産配分や運用する商品を決めてくださいね』といわれたものの、内容がまったく理解できず、『どうしたらいいの？』とかなり落ち込みました」

　それまで早川さんは投資経験がありませんでした（補助が出るので持ち株会に入ったほうがよいといわれて自社株は保有していましたが、投資という感覚はまったくありませんでした）。そこで、書店に足を運び、目に留まった渋井真帆さんの『女を磨くマネー塾』と、新聞広告でみた内藤忍さんの『資産設計塾』を購入。両氏のセミナーにも参加しました。

「渋井さんのセミナーでは経済や政治の状況によってお金の流れがどう変わるのか、内藤さんの書籍・セミナーでは資産運用をするための具体的な方法、ポートフォリオのつくり方、**同じカゴに卵をすべて入れてはいけないといった分散投資の考え方などを教えてもらいました**」

当初は企業型DCの枠だけで運用することを考えていましたが、**「72の法則」**を知って、自己資金での運用も検討することにしました。

72の法則というのは「72÷金利」でお金がおおよそ2倍になる期間がわかるというもの。たとえば、定期預金に預けた場合、金利が0・02％なら「72÷0・02」でお金が2倍になるのに3600年もかかることに愕然としたからです。一方、3％で運用できれば約24年、6％で運用できれば約12年で2倍になります。手元資金を、少しでもいいから投資に回したほうがよいのではないかと考えるようになりました。

商品を絞り、積み立て方式に変更 老後資金3000万円を達成！

マネックス証券に口座を開設し、まずは10万円で投資信託を購入。資産配分は『資産設計塾』に掲載されていた「日本株式、日本債券、外国株式、外国債券を4分の1（25％）ずつ均等に配分する」というモデル例を参考にしました。

「すぐに上がることはなかったけれど、1カ月に1回くらい口座にログインしてみると、保有する投信の時価評価額が変化するので、『あぁ、預金とは違うなあ。こんな感じのものなのか』と値動きのある世界を実感しました。100%理解できたわけではありませんが、分散投資の考え方については参考になりました」

早川さんは経理担当の人からすすめられて、新入社員の頃から給与天引きで以前は金利の高かった社内預金をしていたため、まとまったお金がありました。そのお金で投資信託を購入しようと思ったのですが、最初は「損をしたくない」「少しでも安く買って右肩上がりで値上がりしてほしい」という気持ちがとても強かったため、商品を購入するタイミングを迷いに迷ったそうです。ようやく購入したあとも、「本当にこのタイミングでよかったのだろうか」と自問自答。投資を始めて2年くらいはもやもやした状態が続きました。

その後、ファイナンシャルプランナー（FP）が主催するポートフォリオを組むセミナーに参加したことで、気持ちの整理がついたといいます。

「自分がどれだけリスクをとれるのか、どれだけ投資に時間をかけたいのかなどが明確になりました。私は投資にあまり時間をかけたくないし、投資信託をたくさん保有していても管理が面倒くさいと思うタイプ。シンプルな投資が自分に合っていることがわかったので、商品数を絞り、（自分でタイミングをみて購入するのではなく）毎月の積み立てに変更しました」

たとえば、早川さんが投資を始めた頃には新興国株のインデックスファンドがなかったため、中国、インドという具合に、国別にたくさんの株式投信を購入していました。それらを解約して新興国株のインデックスファンド1本にまとめました。今は毎月の積み立てがメインなので、投資に費やす時間もほとんどなくなりました。

早川さんが保有している金融商品は次のとおりです。

〈企業型DC〉
- **日本株式インデックスファンド**
- **先進国株式インデックスファンド**
- **日本債券インデックスファンド**
- **先進国債券インデックスファンド**

マネックス証券
- **日経225ノーロードオープン**（DIAMアセットマネジメント）

早川さんの資産配分

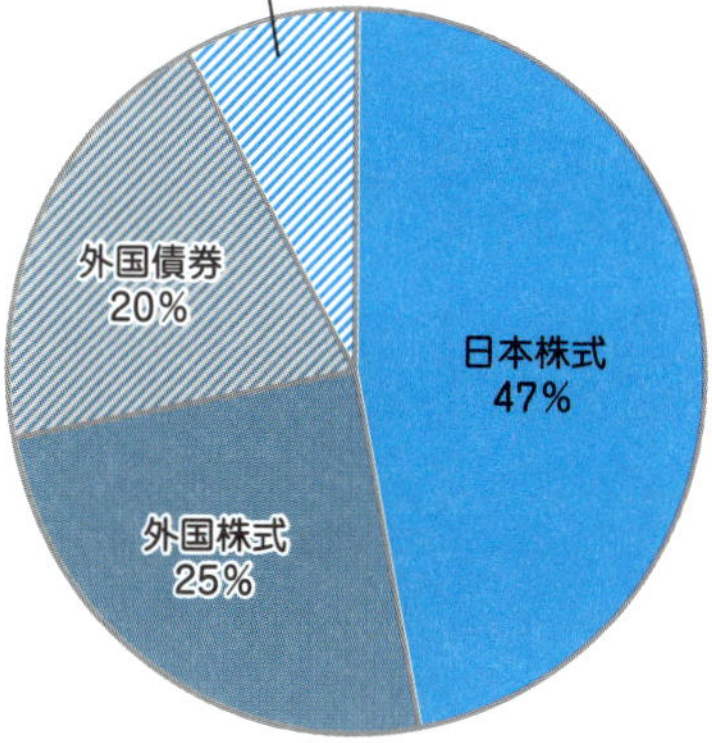

・三井住友・バンガード海外株式ファンド（三井住友アセットマネジメント）
・SMT新興国株式インデックス・オープン（三井住友トラスト・アセットマネジメント）
・米ドル建てMMF
・オーストラリアドル建てMMF
・米国ゼロクーポン債
・ドイツ国債

三井住友銀行
・個人向け国債（変動10年）

直販
・さわかみファンド（さわかみ投信）

※企業型DCについては具体的な商品名を記載していない。

今は、投資が生活の一部になっている早川さんですが、投資を始めた当初はドキドキの連続だったといいます。なかでも、胃が痛くなる思いをしたのは2008年のリーマン・ショックのとき。2005年に投資を始めて3年ほど経ったところでした。

「マネックス証券はログインすると、投資している商品（個別株や投資信託など）ごとにスマイルマークが表示されます。購入したときより下がっている（＝損益がマイナス）と泣き顔で、購入したときより上がっている（＝損益がプラス）とにこにこマークです。そのときは日本債券を除いてすべて泣き顔。それをみて私が泣きたくなりました」

急落直後は動揺が激しかったので、気持ちの整理がつくまではログインを禁止し、損益の画面をみないようにしました。以前相談したFPに**「積み立てはやめてはダメ。一度退場してしまうとまた再開するのをためらうし、時間もかかるから」**といわれたことを思い出し、投信の積み立てはそのまま継続しました。

そして、気持ちが落ち着いたあとは、余裕資金で、大きく下がったもの、たとえば、海外の株式に投資をする「三井住友・バンガード海外株式ファンド」（三井住友アセットマネジメント）などをスポットで購入することができました。

10年以上投資を継続してきて、どんなリターンが得られたのでしょうか。

「たくさんあります。それまでは政治や経済にはそれほど関心のない、昭和の〝お気楽OL〟でしたが、そのままではいけないことに気づけたことです。

以前は政治経済にほとんど興味がなく、日経新聞以外の新聞を社会面から読んでいました。中長期の視点で将来について考えることもほとんどありませんでした。

投資を始めてから、投資信託の値動きにも関係するので、世の中の経済の動きについて興味をもつようになりました。毎日、日経新聞を真面目に読む自分…10年前には想像もつかなかったです（笑）。歳を重ねると自分だけではできなくなることも多々あると思いますが、きちんと資産形成できていることで、どうすればよいか前向きに考えることができるようになりました」

投資を始めるときに、早川さん[44]はおおよその目標金額を設定しました。**「将来公的年金はいくらもらえるのか」「退職一時金はどのくらいもらえそうか」といった収入**

[44] 早川さんの歩み

2004年 企業型DCの制度・商品説明を受けるがまったく理解できず。投資の勉強をしようと思い立つ。

2005年 企業型DC開始。自分でも、ネット証券に口座を開設し投資信託を購入。

2007年頃 ポートフォリオをつくるセミナーに参加。シンプルな投資に転換。

2008年9月 リーマン・ショックで日本債券を除く、すべての資産がマイナスに。

2015年 当初の目標額を達成。将来の住まいを考えて、目標額を再検討。

面から60歳以降にかかる支出、たとえば1カ月の生活費＋α（趣味を楽しむためのお金など）を考えて、たりない金額（準備する金額）を試算したのです。10年経って、金融資産は当初想定していた目標金額3000万円に到達しました。

「独身なので、将来、介護施設に入るかもしれないし、ある程度歳をとったらケア付きのマンションに入るほうが安全かもしれません。目標金額に500〜1000万円を上乗せできると余裕ができると思っていましたが、こちらもアベノミクスのおかげで目標額はクリアしました。運用自体は70歳くらいまで続けていきたいです」

引き出せないしくみと税制優遇を最大限活用する

早川さんの場合、投資を始める際にそれなりにお金を貯めていました。というのも、経理の担当者にすすめられて、新入社員時代から給与天引きによる社内預金などをずっと続けていたからです。自宅から通っていたこともあり、ボーナスの多くを預金に回すことができました。

今でこそ、社内預金はパソコンから指示を出せば気軽に引き出すことができますが、以前は担当部署に紙の書類を提出しなくてはならず、使い途などを聞かれるのがイヤでなかなか引き出せなかったそうです（私も、会社員時代に財形貯蓄をしていたので、その気持ちはよくわかります）。**結果的に、引き出しにくいしくみのおかげで、早川さんは投資を始めようと思ったときに、まとまった金額ができていました。**

DCで運用するお金は原則60歳まで引き出すことができません。これはデメリットといわれることが多いのですが、**老後用のお金を準備するのであれば、むしろ「引き出せない」ことはメリットと捉えてもよいのではないでしょうか。**

勤務先で企業型DCが導入された場合、会社によっては、DCでの運用以外に、お給料に上乗せして受け取る方式（前払い）を選択することもできます。たとえば、「受け取った分で住宅ローンを繰り上げ返済する」といった明確な目的があればよいのですが、漠然と受け取った分を使ってしまっては資産形成はできません（前払いだとお給料がふえる分、支払う税金や社会保険料もふえます）。

老後というと、はるか先のことと思いがちです。そのため目先のケーキ（お金）についい目を向けてしまいますが、将来に向けて運用をしていくことをおすすめします。

強制的な積み立てや、引き出せないしくみは長い目でお金をふやすには有効な手段です。逆にいえば、そうでもしないと、なかなか貯められないということなのだと思います。

第1章で、投資をするときには資産配分（アセット・アロケーション＝どういう資産クラスにどの程度の割合で投資するお金を割り振るか）を決めることが大切だというお話をしました。これからは、そこに、「アセット・ロケーション」という視点を加えてほしいと思います。ロケーションというのは「場所」、つまり、運用する際に、どの口座に資産を振り向けるかを決めることをいいます。

投資においてコストはマイナスのリターンです。コストというと金融商品の「手数料」が思い浮かびますが、「税金」も立派なコストです。ですから、税制メリットの大きな場所（口座）で優先的に運用することを検討します。老後に向けて資金をつくっていくのが目的であれば、DCの口座は真っ先に活用したい場所なのです。

全額定期預金のＤＣを見直し、投資信託に切り替える

芦尾みずきさん（仮名・34歳）
職業：会社員（法務部門）。独身・賃貸。趣味：茶道とボルダリング。投資歴：半年

芦尾みずきさんはメーカーの法務部門で働くシングル女性。週末は友だちと食事に行ったり、お茶のお稽古をしたり、趣味のアウトドアを楽しんだりしています。

芦尾さんが新卒で入社したのは保険会社でした。

「ファイナンシャルプランナーの資格試験を受けるための勉強をしたり、保険を売るために年金問題など不安をあおるような情報をたくさん詰め込まれたりしました（笑）。自分でも何かしなくてはと思って、ネット証券で口座を開設したことがありましたが、実際に投資するところまでいきませんでした」

28歳のときに現在の会社に転職。退職給付制度の一環として、企業型ＤＣが導入さ

れていました。入社時に説明を受けたものの、制度も商品もよくわからず…。人事から簡単な説明を聞いたあと、自分で運用商品を選択するときも、「当時は、株はこわいものだと思い込んでいた」ため、掛金の運用商品は100％定期預金を選択。それ以来、7年間、定期預金に預けっぱなしでした。

「将来に漠然と不安を感じてはいましたが、そのために自分で何をしたらよいのかがわかりませんでした。日々の生活に流されて、何もしないまま月日だけが過ぎてしまいました」

転機はインターネットで趣味のアウトドア関連の情報を収集していたとき、ある会と出会ったこと。その会は（芦尾さんが勤務している会社とは別の）メーカーのエンジニアの人たちの集まりで、レンタサイクルを借りて都内一周に出かけるなど、定期的に面白いイベントを企画していました。

芦尾さんが何度か顔を出すうちに、その人たちの勤務する会社も企業型DCを導入していて、半年に一度、投資の勉強会もしていると聞き、参加してみることにしました。理系の人が多いこともあって、勉強会では、一人ひとりがパワーポイントを使って、自分の運用方針や運用成果について報告していきます。

- 現状のポートフォリオにした理由
- 現状のポートフォリオで運用した結果
- 保有している商品やその商品を選択した理由
- DC以外で運用している証券会社を決めた理由やそのプロセス
- 積み立て投資のメリット

などを具体的に語っていくのです。

それまで実際に運用している人たちの事例を聞いたことがなかったので、芦尾さんは（投資という）最初の一歩を踏み出すうえではとても参考になったといいます。

「自分もやってみようという気持ちになりました。さっそくDCの運用資産がすべて定期預金という状態を何とかしようと思ったのですが、パスワードを忘れてしまい、肝心のログインができませんでした（苦笑）」

パスワードを再発行してもらい、まず掛金の配分割合を変更しました。それまで毎月の掛金のうち全額を定期預金に預ける設定になっていたのを、日本株式、先進国株式、新興国株式、外国債券の4つのインデックスファンドを25％ずつ買い付ける設定に変更しました。また、定期預金をすべて解約し、投資信託に預け替え（スイッチング）を行いました。比率は掛金の比率と同じです。

やる気が芽生えた芦尾さんは企業型ＤＣだけではなく、ネット証券にも口座を開設してみることにしました。エンジニアの人たちにすすめられて、カン・チュンドさんの『忙しいビジネスマンでも続けられる 毎月5万円で7０００万円つくる積立て投資術』を読了。今ある預金はそのままにしておき、これから積み立てる分を「日本株式」「先進国株式」「新興国株式」「日本債券」「先進国債券」のインデックスファンドに20％ずつ配分しました。

当初は、企業型ＤＣとネット証券での運用をバラバラに捉えていた芦尾さんでしたが、２０１5年7月に行われた「インデックス投資ナイト」[45]というイベントに参加して考えが変わりました。登壇者が

「資産配分は金融資産全体で考えたほうがよい」

「海外の株式に投資するインデックスファンドは、一般で販売されている商品に比べて運用管理費用（信託報酬）が安いので、ＤＣでは優先的にそちらの商品を利用したほうがよい」

[45] **インデックス投資ナイト**
有志の個人投資家が主催する「インデックス投資家の、インデックス投資家による、インデックス投資家のためのイベント」。年に1回行われていて２０１5年で7回めになる（途中休止時期もあり）。（http://www.idxnght.com/ 公式サイトあり）

芦尾さんの資産配分

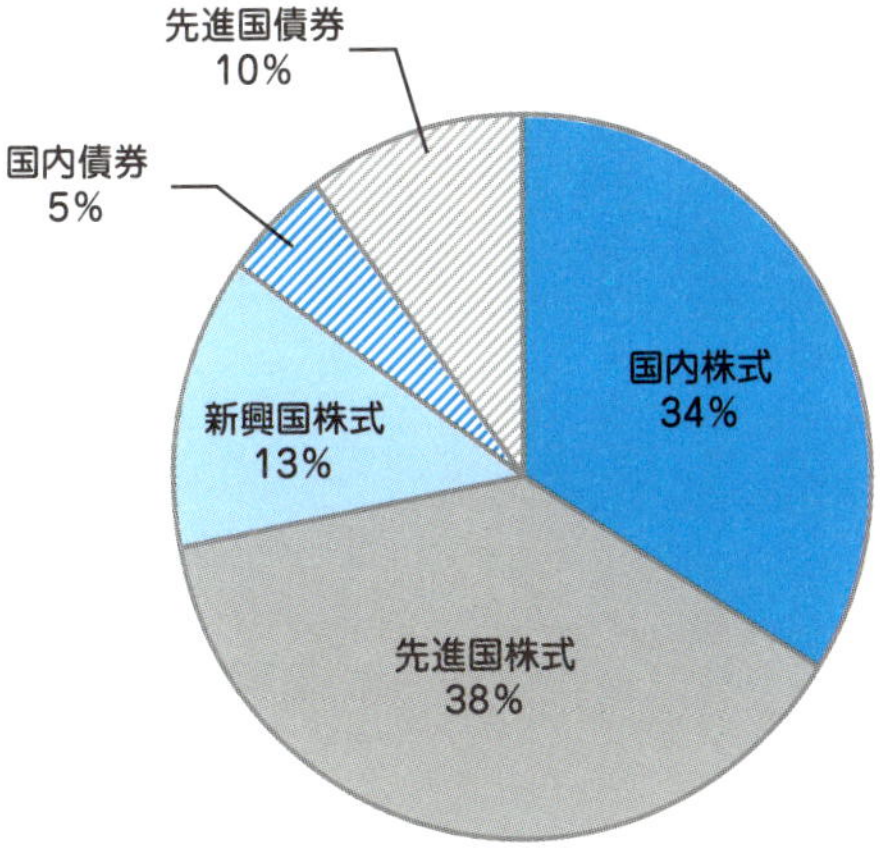

と発言しているのを聞いて、納得したからです。

イベント終了後に、企業型ＤＣで運用する分についてはすべて先進国株のインデックスファンドで運用することにし、実行しました。

ネット証券での運用法についても見直すことにしました。芦尾さんは投信の積み立てを始めたばかりで、手元にある金融資産の大部分は預金です。金融資産全体でみると投資に回しているお金（リスク資産）の比率は低い状況です。そこで、ネット証券での投信積み立ての配分を見直し、株式の比率を60％から85％に引き上げました。

「もう少しリスク資産がふえるまでは、しばらくはこの比率でいこうと思います」

芦尾さんの保有している投信は次のとおりです。

＜企業型DC＞

●先進国株のインデックスファンド

楽天証券（特定口座）

●日本株式インデックスe（三井住友トラスト・アセットマネジメント）

●外国株式インデックスe（三井住友トラスト・アセットマネジメント）

●eMAXIS新興国株式インデックス（三菱UFJ国際投信）

●eMAXIS国内債券インデックス（三菱UFJ国際投信）

●＜購入・換金手数料なし＞ニッセイ外国債券インデックスファンド（ニッセイアセットマネジメント）

楽天証券（NISA口座）

●VT（バンガード・トータル・ワールド・ストックETF）（ザ・バンガード・グループ）

●WTI原油価格連動型上場投信（シンプレクス・アセット・マネジメント）

※企業型DCについては具体的な商品名は記載していない。NISA口座では4社の株式も保有。

期待リターンの高いものをDCに割り振るのがセオリー

投資を始めて半年あまりで、急速に進化を遂げている芦尾さんですが、投資を始めるまでのハードルは高かったと振り返ります。

「本を読んでも、わからない用語がたくさん出てきて、正直自分一人ではわからないことがたくさんありました。わからない用語を書き出しておいて、メールで質問したり、次に投資の勉強会があるときに聞いたりと、すぐに教えてくれる人がいる環境にあったので、とても恵まれていたと思います。おすすめのセミナーや本なども、情報を共有化できるソフトウエアを使って、みんなで情報共有できるようにしています」

企業型DCと楽天証券の特定口座ではインデックスファンドの積み立てをしている芦尾さんですが、NISA口座ではETF（上場投信）や個別株に投資をしています。

こちらは資産形成というよりは勉強というスタンスで取り組んでいます。

また、特産品をもらいながら節税できる「ふるさと納税」[46]もしています。2014年は1万円で6カ所、2015年は1万円ずつ10カ所の自治体に寄付をしました。山形県天童市からフルーツが届いたり、九州から魚が届いたり。1人で食べきれないときには会社にもっていくこともあるそうです。特産品を持ち寄って料理をつくるというイベントも企画しました。

「何をしたらいいかわからなくて、ずっと漠然とした不安を抱えていました。今は少しずつ知識を得て、自分で行動していけば、状況が変えられるということを実感しています。**経験者の人たちの話を聞いて、できそうなことをマネしている段階**なので、自分のスタイルに行き着くのはこれからだと思います」

芦尾さん[47]は転職した会社で企業型DCを導入していましたが、7年間、掛金をすべて定期預金で運用していました。野村総合研究所が実施した「確定拠出年金の利用実態調査（2015年3月）」でも、DCで運用している人のうち、全体の31％の人がDC資産のすべてを預金や保険といった元本確保型の商品で運用しているそうです。

[46] **ふるさと納税**
都道府県、市区町村を選んで「寄附」すること。ふるさと納税では自己負担額の2000円を除いた全額が控除の対象となり、所得税と住民税が安くなる。各地の特産品などをもらえて節税もできることから、人気が高まっている。

[47] **芦尾さんの歩み**
2007年まで 将来は不安だが、何もしない状態が続く。
2008年 今の会社に転職。企業型DCの説明を受けるがそのまま放置。
2014年 アウトドアがきっかけで、エンジニアの集まりに参加。企業型DCの運用商品を定期預

しかも、若い世代ほど、元本確保型の預金などに預けている割合が多くなっています。**長期で退職金をつくっていくDCの口座を、金利の低い定期預金100%で長い期間運用するのはもったいないことです。実際、企業型DCが導入されてから10年以上経つ企業もあり、定期預金だけで運用している人と投資信託などで運用している人とで、運用実績にかなりの差が出てきています。**

では、確定拠出年金をどう活用すればよいでしょうか。

金融資産全体で資産配分（アセット・アロケーション）を考えて、そのうち株式部分をDCの商品に割り振るというのが基本的な考え方です。

確定拠出年金の特徴をまとめると、

- **原則、60歳まで受け取れない　↓　多くの人は長期運用になる**
- **運用益が非課税である　↓　複利効果が期待できる**
- **投資信託の手数料が低い（購入時手数料がかからず、保有中にかかる運用管理費用が安い）　↓　ふつうに証券会社や銀行で買うより有利**

となります。このように整理してみると、おのずとDCの活用法についても「基本

金から投資信託に変更。

2015年 ネット証券で投信の積み立てを始める。インデックス投資ナイトに参加。DCの運用方針を変更。

的な考え方」がみえてくるのではないかと思います。「運用益が非課税である」という特徴を生かして、老後に備えた運用をするなら、たとえば、手元にあるお金は定期預金などの元本確保型の商品に預けて、ＤＣでは投信を活用するということが考えられます。**長期的に高いリターンが期待できる商品で運用したほうが、非課税というメリットを生かすことができるからです。**

具体的には、長期的に高いリターンが期待できるのは株式です。つまり、金融資産全体で資産配分を考えたら、**株式部分をＤＣで運用するというのが合理的ということになります。**ＤＣでは株式に直接投資することはできないので、株式に投資する投資信託を活用します。なかでも、銀行や証券会社で一般向けに販売されている商品よりも、コスト面で有利な外国株式のインデックスファンドを選択するとよいでしょう。

ＤＣ口座だけで運用を行う場合には、ＤＣという器の中だけで資産配分を考えます。「投資をまったくしたことがない」「投資を始めたばかり」という方はまずは「ＤＣの口座内」だけで安定的な組み合わせをつくってもかまいません。慣れてきたら、徐々に「金融資産全体で、預金などの安全資産と、株式や債券などのリスク資産の組み合わせを考えて、そのうち株式部分をＤＣの商品に割り振る」というふうにシフトしていけばいいと思います。

個人型DCは「節税」しながら老後資金の準備ができる

確定拠出年金には、会社が導入し、会社員が加入する「企業型」のほかに、個人が自分の意志で加入を決める「個人型」もあります。

2015年12月末現在、**個人型DCに加入できるのは、自営業などの第一号被保険者と、企業年金（確定給付企業年金、厚生年金基金、企業型DCなど）のない会社に勤務する会社員に限定されています。**しかし、確定拠出年金法が改正されると、将来的に公務員や専業主婦、企業年金制度のある会社員まで、**ほぼすべての国民が加入できるようになる見通しです。**

個人型DCの最大のメリットは税制優遇が手厚いことです。

まず、毎月掛金を払うときに、支払った掛金は全額「所得控除」の対象になり、**自分の老後に受け取るために積み立てているお金にもかかわらず、所得税や住民税が安**

個人型DCの税制メリットは大きい

1
個人が払う毎月の掛金
↓
全額「所得控除」
↓
その年の所得税・翌年の住民税の負担が減る

2
運用している間
↓
運用益は非課税（※）
↓
効率よくお金をふやせる

3
受け取るとき
↓
「退職所得控除」「公的年金等控除」の対象
↓
非課税ではないが、税負担を軽くする効果がある

※特別法人税2017年3月31日まで凍結が決定している

くなるという効果があります。所得税や住民税は、課税所得に税率をかけて計算しますが、掛金が全額「所得」から差し引けるため、そのぶん課税所得が下がるためです（企業型DCの個人が掛金を出す部分＝マッチング拠出についても同じ効果があります）。

運用中に得られる預金の利息や投信の値上がり益などについても非課税です。

積み立てたお金を受け取るときは非課税ではありませんが、たとえば、一時金で受け取ると退職所得という扱いになり**「退職所得控除」**という

枠を使うことができます。

会社員や自営業の方が〝節税機能〟付きで貯蓄や投資ができる制度・商品はそうそうありません。ところが、2015年10月末現在の加入者は約23万8000人と、加入対象者の0・5%程度しか加入していません。これはもったいない話です。

本書でも、第2章で登場した会社員のセロンさんや、次章（第5章）に登場する不動産鑑定士の下山俊一さんや会社員の沖雅之さんなどが個人型DCに加入しています。私（筆者）も、2005年から個人型DCに加入し、投資信託で運用を続けています。

個人型DCで金融機関を選ぶ3つの大切なポイント

個人型DCは企業型と異なり、自分で金融機関（運営管理機関といいます）を選んで加入する必要があります。1つの金融機関にしか口座は開設できません。また、**金融機関によって、商品の品揃えや投信の手数料、そして、毎月かかる口座管理手数料に大きな差があります。**事前によく確認しましょう。

個人型ＤＣで金融機関を選ぶポイントは、

①口座管理手数料（継続的にかかる手数料）

②商品の品揃え

③投信の保有コスト

になります。２０１５年12月末現在、①口座管理手数料が安いのは、スルガ銀行とＳＢＩ証券（資産残高50万円以上の場合）の2社です。②③については、野村証券などが低コストなインデックスファンドやＭＭＦ（マネー・マネージメント・ファンド）などを揃えています。

金融機関選びについては、ＮＰＯ法人 確定拠出年金教育協会の「個人型確定拠出年金ナビ」というサイトが参考になります。金融機関の手数料や取り扱う商品などが記載されているからです。商品は預金や保険、投信は資産クラス別の本数のほか、具体的な商品の一覧（投信名や信託報酬の表示もあり）もみられます。手数料や商品については変更されることもあるので、加入前に必ずご自身で確認してください。

第5章

自分が応援したい会社や事業を投資家という立場でサポートし、長期的なリターンを得る方法

自分の意志を反映させて、お金を投じる先を選ぶ

第4章までは、コツコツ投資の基本型をキッチリ守って投資を実践している人たちをご紹介してきました。復習すると、

- **未来のために、無理のない範囲で、世界中の企業に自分のお金を分散する**
- **そして、長い目でゆったり資産を育てていく**
- **こうした運用をするためのツールとして、たとえば、手数料の安いインデックスファンドを活用し、コツコツと積み立て投資を行う**

ということでしたね。

第5章ではインデックス運用を中心とした投資に加えて、投資したい会社を選んで投資したり、投資哲学や運用スタイルに共感したアクティブファンドを保有したりし

ている人たちをご紹介します。基本型を押さえたうえで、どこまで「幅」をもたせるかは人それぞれ。コツコツ投資はそれだけ懐の深いものだと考えています。

大和総研調査本部主席研究員である河口真理子さんの著書『ソーシャル ファイナンスの教科書―「社会」のために「あなたのお金」が働くということ』（生産性出版）には、次のような記述があります。

「本来投資には、①資産運用のツール、②リスクをとって社会に役立つビジネスやしくみを応援するツールという二つの役割があります」

そもそも金融というのは、お金を必要とする誰かに自分のお金を融通して、自分のお金に社会で働いてもらうこと、広く世の中の役に立つように使ってもらうことを意味します。投資信託を使って資産形成をするというと、「①資産運用のツール」という面がクローズアップされがちです。しかし、最近はどこにお金を投じるかを自分で選択する、「②リスクをとって社会に役立つビジネスやしくみを応援するツール」という役割に注目する人も少しずつふえてきています（もちろん、インデックスファンドを通じて、幅広い会社に投資をする行為も②の側面は持ち合わせています。お金を投じる先を、より積極的に選択するかどうか、ということです）。

①資産運用のツールという役割を重視し、低コストのインデックスファンドやETFを組み合わせた運用に徹するという考え方もあるでしょう。実際、私も金融資産のうちの多くの部分はそうした運用をしていますし、多くの人はそれで十分だと思います。

ただ一方で、**市場全体にまんべんなく投資するインデックスファンドを買うと、投資したい会社にも、そうでない会社にも同じようにお金が渡るというジレンマもあります。**たとえば、先進国株のインデックスファンドに投資すると、遺伝子組み換えの作物・食品の販売をしている会社にも投資をすることになります。取材の中で、自分が出したお金の行き先、働いてもらう先を選択したいと語る人もいました。

この章では「自分の意志をお金に反映させる」ことを意識して、コツコツ投資をしている投資家さんに登場してもらいます。

37歳で子ども誕生。教育費と老後資金の形成時期が重なり、投資に目を向ける

杉下徹さん（仮名・43歳）
職業：会社員。家族：妻（48歳）と娘（6歳）、メスのネコ（15歳）。片働き・持ち家。
趣味：英米ロック鑑賞、楽器演奏、読書、ドライブ、食べ飲み歩き、旅（酒蔵めぐり、秘湯めぐり、古戦場めぐり）など。投資歴：5年

杉下徹さんは東京の大学を卒業後、北海道に本社がある会社に就職。転勤などを経験し、現在は札幌市内で働いています。もともとは賃貸派だったという杉下さんですが、会社の住宅補助が改悪されたのを機に、２０１２年に駅近で教育環境のいい場所にマンションを購入。専業主婦の妻と幼稚園に通う娘、そしてネコと暮らしています。英米のロックが好きで、お気に入りのバンドが来日してコンサートを行うときには東京まで足を運ぶこともしばしば。家族旅行を兼ねて、東京ディズニーランドに行くこともあります。

杉下さんが投資を考えたきっかけは37歳で娘が誕生したこと。「子どもの教育費と、自分の老後資金の形成時期が思いっきり重なり、預貯金だけではまかなえないかもしれない」と感じたからです。

そんなとき、ある手続きで訪れた給与振込先の銀行で、女性行員から「これだけ預金があるなら、投資を考えたらいかがですか」と提案されます。そのひと言で、「そうか、投資という選択肢もあるな」と杉下さんはひらめいたそうです。が、行員からすすめられた投資信託をその場で買うことはせず、自分で情報収集をすることにしました。

「インターネットで情報収集し、『ウォール街のランダム・ウォーカー』（バートン・マルキール著）や『敗者のゲーム』（チャールズ・エリス著）、『投資信託にだまされるな！』（拙著）などを読みました。なかでも、カン・チュンドさんの『忙しいビジネスマンでも続けられる　毎月5万円で7000万円つくる積立て投資術』が参考になりました」

ネットで情報収集をしていたときに偶然見つけた「コツコツ投資家がコツコツ集まる夕べ（札幌）[48]」という交流会にも参加。職場の人たちや友人たちと投資について話す機会はないので、気軽に投資について語り合える会に出会えたことも、投資を始めるうえでは大きかったといいます。

[48] **コツコツ投資家がコツコツ集まる夕べ（札幌）**
投資信託やETFなどを中心に将来に向けてコツコツ資産形成をしている（これからしたい）と思っている個人投資家の交流会。東京を皮切りに北海道から沖縄まで全国12カ所で開催している。

バランス型投信からスタートして、個別株やアクティブファンドに手を広げる

投資を始めた当初は、余計な手数料を支払いたくないという気持ちもあって、購入時手数料のかからないインデックスファンドを買おうと考えました。まずは1本で30カ国以上の株式と10カ国以上の債券にまとめて投資できる、「セゾン・バンガード・グローバルバランスファンド」（セゾン投信）を購入しました。第3章でご紹介した、いわゆるバランス型の投信で、ローコストな投資信託の運用で定評のある、米国バンガード社のインデックスファンド8本に投資するファンド・オブ・ファンズです[49]。マネー雑誌で、直販の投資信託の存在を知り、資料請求。すぐに口座を開設して、積み立てを始めました。

SBI証券にも口座を開設し、先進国株や新興国株のインデックスファンドの積み立ても始めました。「セゾン・バンガード・グローバルバランスファンド」は株式と債券の比率が半々なので、株式の比率を高めてリターンを狙うためです。

[49] **ファンド・オブ・ファンズ**
一般に投資信託は複数の株式や債券などに直接投資するが、ファンド・オブ・ファンズは複数の投信に投資をする投資信託をいう。投信を二重に購入することになるので、一般の投信に比べて実質的な運用管理費用が高い商品も多い。

杉下さんの資産配分

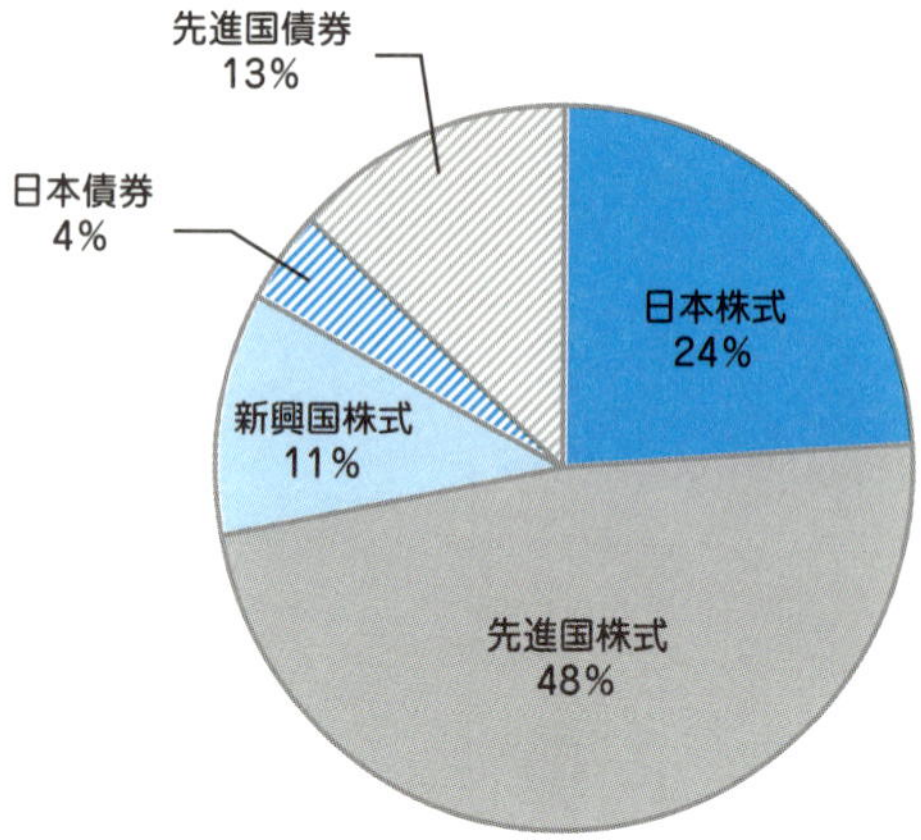

当初は「インデックス運用」を信条にしていましたが、今はアクティブな運用も行っています。インデックス運用をコア（中核）に金融資産の約6割を充て、それ以外は個別の企業やアクティブファンドに投資をしています。

「投資を始めて3カ月くらいはコツコツとインデックスファンドの積み立てをしていましたが、それだけだとつまらない（笑）。そこで、2010年の秋頃から個別株の研究をするようになりました。どんな会社の株を買おうかと頭を使ったり、価格が変動するのをみてヒヤヒヤしたりするのもいい刺激にはなります。

基本は長期保有。普段からニュースをチェックしたり、街歩きでネタを探したりしています。気になる会社があると業績などを調べて、買いたい会社をリスト化しておき、株価が大きく下げたときに購入します。大きく上がった会社については一部売却することもあります」

現在は40社の株を保有。子育て支援事業のJPホールディングスやランドセルをつくっているクラレ、地図が好きなので昭文社などの株を保有。機械関連の株も多いそうです。1つの会社に投資する金額は40万円程度までに限定しています。

杉下さんが保有している投資信託は次のとおりです。[50] メインに保有しているのはセゾン投信が運用する2本の投信。両方で保有する投信の時価評価額の約7割を占めています。

直販

●セゾン・バンガード・グローバルバランスファンド（セゾン投信）

[50] **投資信託は次のとおりです。**
そのほか、個別株を40銘柄保有。

- セゾン資産形成の達人ファンド（セゾン投信）

SBI証券

- ＜購入・換金手数料なし＞ニッセイ外国株式インデックスファンド（ニッセイアセットマネジメント）
- EXE《エグゼ》-i《アイ》新興国株式ファンド（SBIアセットマネジメント）
- ひふみプラス（レオス・キャピタルワークス）

セミナーで運用担当者の話を聞いたり、質問したりして投資先への理解を深める

アクティブファンドを購入するようになった契機はセゾン投信主催のセミナーでした。セゾン投信は前述の「セゾン・バンガード・グローバルバランスファンド」のほかに、「セゾン資産形成の達人ファンド」という投資信託を運用しています。後者は長期投資を標榜し、投資する会社を厳選・集中投資しているアクティブファンドを中心に投資をしています（複数の投資信託に投資をして、1本で日本を含む世界の株式

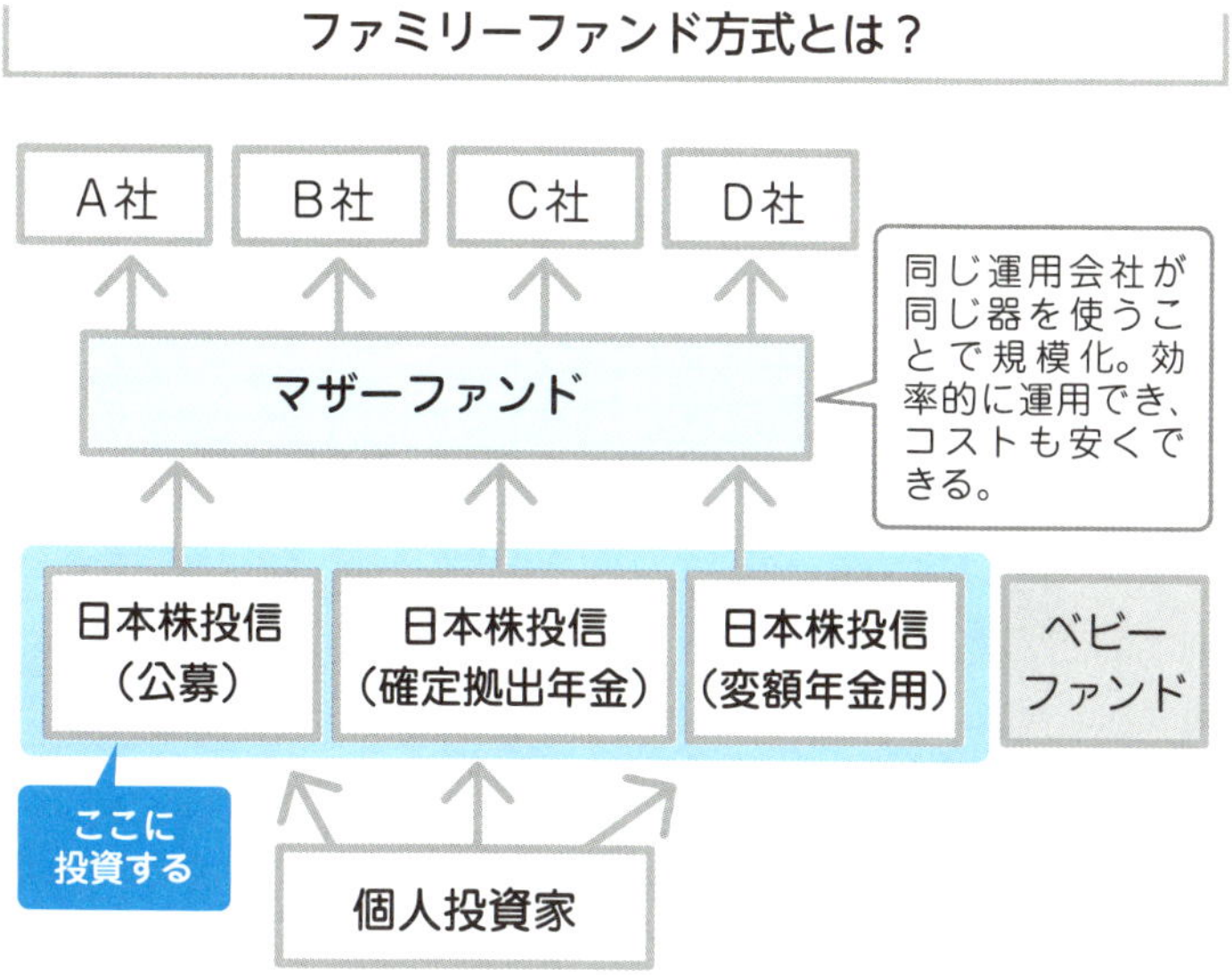

に投資をするファンド・オブ・ファンズ。債券は含まない)。

「投資先の1つである、欧州株投信を運用するフランスのコムジェスト[51]という運用会社のファンドマネジャーの話を聞く機会がありました。持続可能な売り上げ成長がある、ユニークな商品やサービスを提供していて価格支配力がある、利益を継続的に出していける、高い自己資本利益率(ROE)[52]といった基準に照らして企業を選択。30社程度に厳選投資を行い、長期で運用する――という具合に、投資方針や投資プロセスが明確で納得できました。アクティブ

[51] **コムジェスト**
1985年にフランス・パリに設立された(銀行や証券会社といった販売会社・大手金融資本の傘下に属さない)独立系の資産運用会社。

[52] **ROE**
会社の経営効率を判断する指標。「1株当たり利益」÷「1株当たり株主資本」で求められる。

ファンドは市場平均に勝つのが難しいといわれますが、**運用実績があり、しっかりした想いや信条のある投信なら買ってもいいと思うようになり、選択の幅が広がりました**」

その後、東京証券取引所が主催するセミナーで、草食投資隊[53]の3人の話を聞く機会があり、「ひふみプラス」(レオス・キャピタルワークス)の積み立ても始めました。

ひふみプラスはマザーファンド[54]を通じて、主に日本の成長企業に投資する投資信託。株価の下落局面では株式の保有比率を下げて現金比率を高めるなど、下げにくい運用をめざしています。

購入の決め手は当時CIO(最高運用責任者、現在は代表取締役社長)だった藤野英人さんの話です。たとえば、投資先の1つ、朝日印刷(富山・富山市)は薬のボトルや箱、使用上の注意が書いてある説明文書などを日本でいちばん印刷している会社。**優良企業で業績もいいのに知名度が低く地味。こうした「ニュースのない会社に投資する」という言葉が今も記憶に残っているそうです。**

「投信を選ぶときにはネットや本なども参考になりますが、セミナーに参加して直接運用担当者の話を聞いたり、質問したりすることでより理解が深まるし、購入するか

[53] **草食投資隊**
コモンズ投信会長の渋沢健氏、セゾン投信社長の中野晴啓氏、レオス・キャピタルワークス取締役CIO(当時)の藤野英人氏の3名で結成。全国行脚し長期投資普及のためのセミナーなどを行っている。

[54] **マザーファンド**
ファミリーファンド方式(177ページの図参照)で運用する場合に登場する。投資家が実際に購入する投信は「ベビーファンド」と呼ばれ、ベビーファンドが「マザーファンド」に

どうか（購入後は保有し続けるかどうか）の判断材料にもなります」

同じマザーファンドで運用する、直販の「ひふみ投信」もありますが、杉下さんは「口座をふやすと管理が大変になる」と思い、SBI証券で購入できる「ひふみプラス」を選択しました。

子どもの教育費の一部も投信の積み立てで準備する

投資を始めた目的の1つ、教育費についてはどうしているのでしょうか。

「子どもにお金を残そうとは思っていませんが、大学まで教育費を出してくれた親への感謝として、教育費は出そうと思っています。自分も東京の大学を出ているので、それをまかなえるくらいの教育費は準備したいですね。違う土地に行って、ユニークな人と出会うと面白いし、考え方の幅も広がりますから」

そこで、子ども名義で、毎月5000円ずつ「セゾン・バンガード・グローバルバランスファンド」（セゾン投信）を積み立てています。子どもの誕生日祝いや児童手

投資する。そのため、実質的な運用はマザーファンドで行われる。ベビーファンドの資金をマザーファンドにまとめて運用することで、規模のメリットを生かして運用効率を高めることができる。

当は住信ＳＢＩネット銀行の定期預金に預けます。一般の銀行に比べて金利が高いためです。

「18歳まで娘名義で投信を積み立てると元本は１００万円ほどになります。運用成果にもよりますが、そのお金は大学の入学金と初年度の授業料に充てるつもりです。４年間の授業料や生活費（仕送り含む）に１０００万円程度はかかるでしょうから、残りは自分が積み立てしている投信などから捻出する予定です。大学入学前までに**娘名義の投信とは別に５０００万円の金融資産をつくるのが目標ですが、今のペースなら十分達成できそうです」**

家計については杉下さんが管理。投資信託の時価評価額や損益などはエクセルで管理しています。それをみると、どの程度金融資産が積み上がっているかがわかります。「明確にルール化していないわりにはパフォーマンスはまずまず。年率15～20％程度で運用できています」

「根が楽観的」という杉下さんですが、青ざめた経験もあります。毎月少しずつ投資にお金を振り向けていき、金融資産の約２割を投資に回したところで、東日本大震災が発生。個別株への投資も始めていたこともあって、投資していたお金はたった１日で100万円以上のマイナスに。

「車が1台買えるくらいの含み損を体感して胆力がつきました。やはり余裕資金で投資するのは基本で、何とか狼狽《ろうばい》売りすることなく耐えられました」

また、投資をするうえでは「カラ売り[55]はしない。下げ相場で儲けるような投信は買わない」ということは決めています。生き方、信条として、そこまでしてお金儲けをしなくてもいいと考えているからです。

「きれいごとかもしれませんが、暮らしをよくする商品やサービスを提供している会社に投資をして、めぐりめぐって、私のところに配当がきたり、儲かったりする…そういうことが投資の基本なのかな、と思うようになってきました。

実感として、お金とは誠実に付き合ったほうがいいし、使うべきことには使ったほうが、結果的に自分に返ってくる気がします。だから、地元の飲食店で飲み食いすることで地元の景気に貢献したり、アベノミクスで儲けさせてもらったので、ドイツ製の時計ユンハンス（JUNGHANS）を買ったりすることも、たまには必要です（笑）。貯蓄や投資に熱心で、まったくお金を使わない人もいますが、お金を積み上げること自体を目的にはしたくないですね」

[55] **カラ売り**
手元にもっていない株式を、信用取引などを利用して「借りて売る」こと。

杉下さん[56]の考える投資は、現在と未来を豊かにしてくれるツールの1つ。投資は苦行ではないので、配当を受け取ったり、株主優待を利用したりといった楽しい要素が少しはあったほうが続けやすいのではないか、といいます。

「最近は、投資もごく自然に、新聞を読んだり、ご飯を食べたり、本を読んだりといった日常のほかのことと同じような感覚、生活の一部になってきた気がします」

杉下さんは子どもの教育費や将来のために、貯蓄や投資に励んでいますが、ロックコンサートに出かけたり、食事を楽しんだりと、今の生活も十分楽しんでいます。

未来に向けて貯蓄や投資ばかりしていては、今を楽しむためにお金を使うことができません。最近は過度な年金不安から（今の生活に）お金を使わない人もふえています。飲み会には参加しないし、旅行に出かけることもない――という具合です。こちらは逆に「未来」に向けてお金を貯めていますが、自分に投資したり、今を楽しんだり、経験を積み重ねたりということはできていません。一方、入ってきたお金を「今」すべて使ってしまうと、お金を存分に使えて楽しいのですが、将来楽しむためのお金がたりなくなるかもしれません。

[56] **杉下さんの歩み**
2009年9月 長女誕生。
2010年秋 セゾン・バンガード・グローバルバランスファンドの積み立てを始める。
2011年1月 個別株の投資を始める。
2011年3月 アクティブファンドの積み立てを始める。
2011年夏頃 投資も日常生活の一部になってきたと感じるように。

仕事で手にする収入を「今」と「未来」にどうやって振り分けていくか、そのバランスをうまくとりながら、長期的に資産形成していくことが大切です。

アクティブファンドは「5つのP」を押さえよう

長期的にみると、アクティブファンドの6～8割はベンチマーク（対象とする指数）に負けているのが現実です。そのためコツコツ投資の基本型では、インデックスファンドを中心とした資産形成をご紹介しました。

そうした現実を押さえたうえで、アクティブファンドを買うなら、きちんと調べて、共感・納得できるものを選び、購入後もしっかりフォローすることが大切です。そこで、機関投資家が運用会社を選定するときのチェック項目として使われる**「5つのP」を使って投信をチェックすることをおすすめします**（次ページの上図を参照）。

①から⑤を冷静に、そして総合的にみることが大切です。社長や運用担当者の話を聞いて「理念に共感したから」とすぐに購入を決めてしまったり、あるいは目先の成

アクティブファンド選びの基準「5つのP」

1 Philosophy（フィロソフィー）

投資哲学は明確か

2 Process（プロセス）

運用スタイル・投資プロセスはわかりやすく説明されているか

3 Portfolio（ポートフォリオ）

1と2に沿った中身になっているか

4 People（ピープル）

運用体制や運用担当者の経歴は開示されているか、人材は定着しているか

5 Performance（パフォーマンス）

運用実績（リスク・リターン、運用の効率性）などは納得できるものか

績だけに飛びついてしまったりするケースもありますが、それはどちらも違うと思うのです。

同じ日本株に投資する投資信託でも、どんな運用方針で、どんな企業に、どういう投資プロセスを経て投資をするのか。

たとえば、集中投資なのか幅広く投資するのか、値動きは大きいのか小さく抑えるのか、投資している会社はもち続けるのか・頻繁に入れ替えるのか、銘柄を入れ替えるのはどんなときか、組入上位の会社が大きな比率を占めるのか・ほぼ均等にもつのか、現金をもつのかめいっぱい

投資するのか（現金をもつ場合は柔軟に比率を変えるか否か）、上昇相場に強い・下げ相場に強いのか——など、特徴は異なります。

どちらがいい・悪いではなく、**特徴が明確であること、そしてブレないことが大事**なのだと思います。逆にいえば、①から④までをきちんと理解していれば、仮に短期的に⑤成績が振るわなかったとしてもあわてて解約するといった事態にはならないはずです（もちろん、①から④が変わってしまった場合は別です）。

リーマン・ショックで投資先のリート破たん、株も大幅下落

下山俊一さん（41歳）
職業：不動産鑑定士（自営）。家族：妻。共働き・持ち家。趣味：音楽（ギターなど楽器を弾くこと）。投資歴：約13年

下山俊一さん（ハンドルネーム「ｓｈｉｍｏ」で『セルフ・リライアンスという生

き方』というブログを運営）は大学卒業後、大手企業の会社員などを経て、33歳のときに独立。現在は不動産鑑定事務所を開業しています。プライベートでは都内のマンションで妻と2人暮らし。共働きですが、生活用の口座については一元管理をしています（おこづかいも生活用口座から出しています）。貯蓄や投資については夫婦で別々に管理。投資についてはお互いの口座の枠内で行うのがルールです。

「たとえば、妻はＦＸ（外国為替証拠金取引）をしていますが、証拠金[57]が足りないから生活口座から補てんするというようなことはできません」

下山さんが投資を始めたのは、会社員として働いていた27歳の頃です。

「当時を振り返ると、きっかけは、単純に『株で儲かったらいいいな』とか、『配当がもらえたらうれしいな』とか、『仕事以外に稼げたらいいいな』という、浅はかなものでした。一種の、ギャンブルの延長ですね」

オリックス証券（現マネックス証券）に口座を開設し、簡単な株の本（銘柄選びや株価チャートの見方など）をひととおり読み、あとはマネー雑誌をみて、儲かりそうな株やＲＥＩＴなどを買いました。しかも、最初の頃はこわいもの知らずで、信用取引[58]もしていたそうです。

[57] **証拠金**
ＦＸにおける証拠金とは、取引を行う際の担保資金のこと。証拠金を元本として取引業者に預け、証拠金以上の資金を借入れ、取引を行える。

[58] **信用取引**
現金や株式を担保として証券会社に預けることで、その担保の何倍もの金額の取引ができる。

「いっぱい儲かった時期もありましたが、あとから振り返ると、単に相場がよかっただけ。相場が崩れたら、買っていた株式やＲＥＩＴはすべてマイナスになってしまいました」

２００８年のリーマン・ショックのときには投資していたＲＥＩＴ、ニューシティ・レジデンス投資法人が経営破たん。投資していた株も大幅に下落してしまいます。

「自分の場合、時間をかけて投資の勉強をしてもダメでした。あまり才能がないみたいです（笑）。儲かるときもあるけれど、儲かると調子にのってお金を注ぎ込んだりして、最終的に含み損になってやる気がなくなる…。その繰り返しでした」

その後、しばらくは含み損を抱えて何もしない状態でしたが、多少はお金をふやしたいという気持ちもあり、２００９年頃からインデックスファンドで分散投資をして資産形成をするといった本を読むようになったといいます。

「それまでは投資信託についてはよく知りませんでしたが、本を読んでみて、分散投資やドルコスト平均法などに魅力を感じるようになりました。これなら自分でも続けられるかもしれない、と思いました」

それまでは、投資＝日本株というイメージが強く、海外資産は保有していませんでしたが、日本の財政危機が騒がれた時期でもあり、海外資産ももったほうがよいと考えました。そこで、休眠していたオリックス証券（２０１０年５月から合併してマネックス証券に）に加え、ＳＢＩ証券にも口座を開設しました。

２０１０年頃から内藤忍さんの『資産設計塾』に記載されていた資産配分を参考に、日本株式、先進国株式、新興国株式のインデックスファンドなどを購入していくことにしました。商品は三菱ＵＦＪ国際投信の「ｅＭＡＸＩＳシリーズ」や三井住友トラスト・アセットマネジメントの「インデックスｅシリーズ」などを利用しました。

アベノミクスで急騰、こわくなって投資信託を売却

インデックスファンドで分散投資を続けていたところ、２０１３年にアベノミクスで株価が急上昇し、為替も円安が進行。投資しているお金が一気に１・５倍にふえたそうです。ところが、急激な上昇を目の当たりにし、下山さんは「うわー、こんなに

下山さんの資産配分

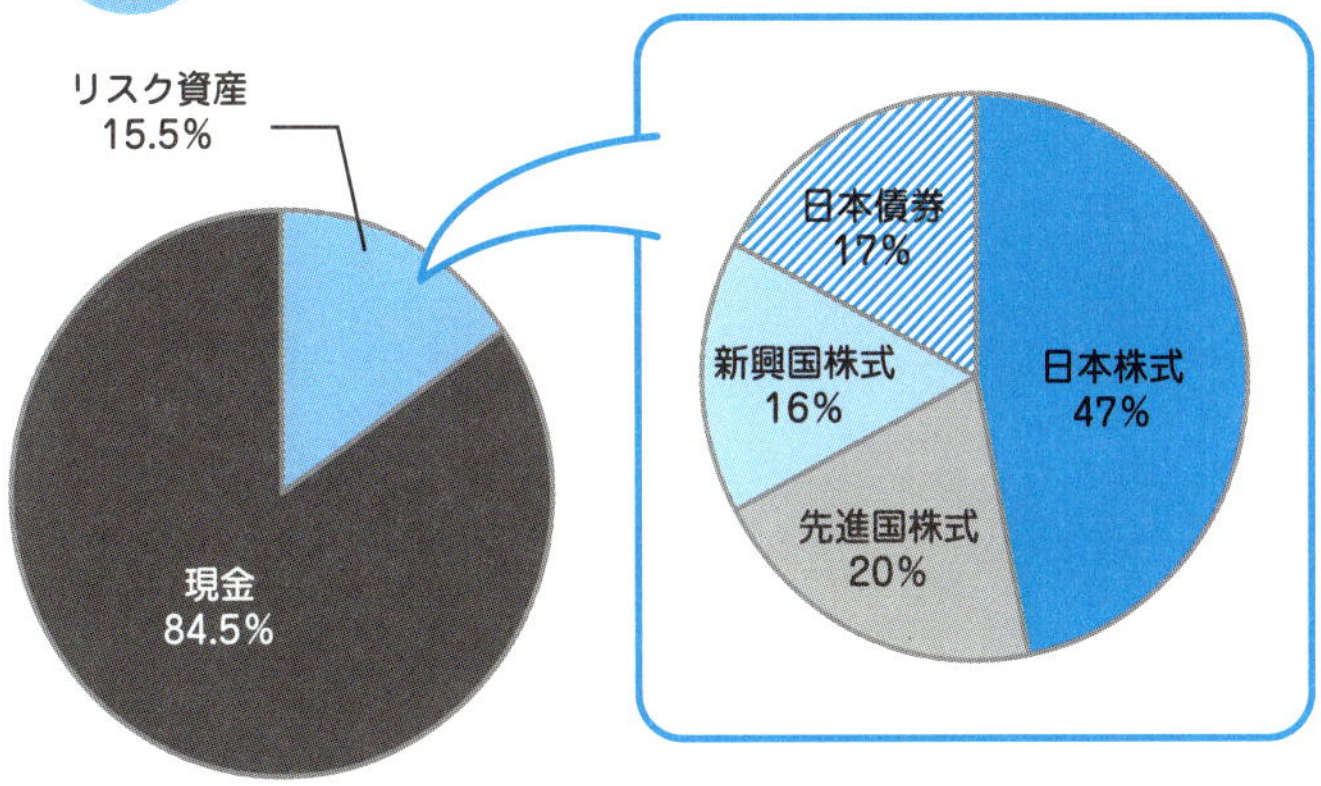

上がっちゃった」「儲かっちゃった」と動揺し、逆にこわくなって、保有する投資信託の大半を解約してしまったのです。「リスクをとりすぎていたんでしょうね。別の口座にキャッシュはありましたが、投資に回せるお金はすべて投信に注ぎ込んでいた気がします。海外資産が全体の7〜8割を占めていましたし、新興国株も入っていたので思ったより値動きが大きかった…。

性格的に、あまりリスク許容度が高くないのだと思います。じつは、アベノミクスと円安で急激に利益がふくらんだときには、頭に円形のハゲができたくらいですから（笑）。奥さんにはあなたは投資に向いていないとよくいわれます」

そこで、もっと余裕をもった投資スタイルに変更しようと決意。毎月の積立金額をこれまでの半分に減らすことにしました。

今の下山さんの資産配分は189ページの図のとおりです。一度、投資信託を解約したため、現状では現金の比率が高く、リスク資産は少なめです。

また、投資用のお金とは別に、自営業なので、売り上げが減るリスクなども考慮して、万一に備えるお金（非常用資金）と事業用資金は、それぞれ預金口座にまとまった金額を確保しています。

下山さんがインデックスファンドを組み合わせた投資をメインにしてから5年が経ちます。最近はある程度低コストで、運用方針に共感・納得できるものであれば、アクティブファンドも保有するようになってきました。

「インデックス運用は資産形成という点では重要なのですが、あまり面白みがない…。それだと預金をしているのと変わらないな、と思うようになりました。預金とインデックスファンドのリスク・リターンが同じという意味ではなく、**最終的にお金に働い**

てもらう先を自分で選べないからです（預金は銀行がどの企業に融資するか、国債を買うかは選べないし、インデックスファンドも市場全体に投資をするので投資先を選別できない）」

以前は、投資の「資産運用」としてお金をふやすという面にだけ注目してきました。ただ、投資の本来の目的は、資金を必要とする人に自分のお金を融通して、広く世の中の役に立つように使ってもらうことです。自分の代わりにお金に社会で働いてもらうこと、ともいえます。そう考えると、自分で仕事を選ぶのと同じように、**自分のお金が働く場所＝投資する相手（人や企業、事業、国など）についても、自分の意志で選択したいと思うようになってきたのだといいます。**

「自分の気持ちを反映して投資先を選ぶことも大事だと思うようになりました。自分のお金なのだから、社会に役立つように投資したい、自分の信条や、興味・関心をより反映した使い方をしたいという意識が強くなったのです。

かといって、自分には個別の会社の株を買うほどの能力や相場観もないので、そこは明確な基準をもっている投資信託を選ぶことにしました」

下山さんが保有している投資信託は次のとおりです。

直販

- **結い2101**（鎌倉投信）
- **コモンズ30ファンド**（コモンズ投信）
- **セゾン資産形成の達人ファンド**（セゾン投信）

SBI証券

- **朝日ライフSRI社会貢献ファンド（愛称：あすのはね）**（朝日ライフアセットマネジメント）
- **eMAXIS新興国株式インデックス**（三菱UFJ国際投信）

〈個人型DC〉

- **個人向け国債（変動10年）**

琉球銀行

- **野村DC外国株式インデックスファンド・MSCI-KOKUSAI**（野村アセットマネジメント）

●野村新興国株式インデックスファンド（確定拠出年金向け）（野村アセットマネジメント）

※小規模企業共済[59]にも加入

個人型ＤＣの口座では手数料の安い、先進国株と新興国株のインデックスファンドを毎月積み立てています。

一般に販売されている投資信託については、アクティブファンドの割合が高くなってきました。たとえば、鎌倉投信が設定運用・販売する「結い２１０１」は、「いい会社をふやしましょう！」を合言葉に、これからの日本に必要とされる企業（人材を生かせる企業、循環型社会を創る企業、匠な技術・優れた企業文化をもつ企業など）に投資を行う投資信託です。「コモンズ30ファンド」（コモンズ投信）は、進化を続ける30社程度の優良企業に集中投資する投信です。

「明確な運用理念をかかげ、運用方針を投資家にわかりやすく提示し、ポートフォリオやファンドのリスクを詳細に説明する、そして、運用報告会などいろいろな機会をつくって、個人投資家とのコミュニケーションを大事にする、という姿勢が共通して

59 小規模企業共済
個人事業をやめたとき、会社などの役員を退職したときのために掛金を積み立てていく制度。対象は常時使用する従業員が20人（宿泊業、娯楽業を除く商業とサービス業は5人）以下の個人事業主や会社の役員など。掛金は毎月1000円から7万円の範囲で設定でき、全額所得控除になる。独立行政法人中小企業基盤整備機構が運営。予定利率は1％（2015年10月末現在）。

います。**とくに『顔がみえる』『誰が運用しているかがわかる』という点は重要だと考えています**」

セゾン投信の「セゾン資産形成の達人ファンド」は1本で日本を含めた世界の株式に投資ができる投資信託。複数の投信に投資する方式（＝ファンド・オブ・ファンズという）をとっています。

「長期投資・厳選投資を実践している投信に投資するという運用方針に共感しています。資金が安定的に入っているので、今のところ設定来の運用成績もよいです」

下山さんはこれら3本の投信を運用会社から直接購入[60]しています。

SBI証券で購入している、朝日ライフアセットマネジメントの「朝日ライフSRI社会貢献ファンド」はビジネスを通じて社会的課題に積極的に取り組んでいる企業を厳選し、割安な株価で買い、企業価値の成熟と株価上昇を待つという運用スタイルです。

「運用管理費用は日本株に投資するタイプの投信にしてはかなり高いのですが、本来のSRI（社会的責任投資＝198ページ参照）の趣旨に沿ったファンドだと感じ、投資金額も少なめなので受け入れています」

[60] **運用会社から直接購入**
鎌倉投信、セゾン投信は直販のみだが、コモンズ投信の運用する投信は一部販売会社でも販売している。

自分のお金が社会で役立っている、という実感を得られる喜び

「価値観が変わってきた理由は、40歳を過ぎ、若い頃に比べて多少はお金にゆとりが出てきたこともあるかもしれません。そして、鎌倉投信との出会いも影響していると思います」

鎌倉投信は、年に1回、「結い２１０１」の決算後に受益者総会[61]を開催したり、定期的に投資先の会社を訪問するツアーなどを企画したりしています。受益者総会では運用担当者からの運用報告に加えて、投資先の企業経営者の講演やパネルディスカッションなどが行われるほか、会場には投資先企業が提供する商品・サービスを紹介する展示ブースも設けられます。そうした場に足を運ぶことで、下山さんは自分のお金が役に立っている実感をもてる、といいます。

「値動きだけを考えていた頃と違い、企業が行う事業の意義や社会的な役割を考えるようになりました。自分はシンプルにいい会社に投資すれば、社会的にもプラスだし

[61] **受益者総会**
鎌倉投信の登録商標。「結い２１０１」の受益者（投信の保有者）を対象に、原則として年に1度、決算後に同社が独自に定期開催している。

長期的には〝そこそこ〟のリターンを得られるだろうと考えています。仮に長期的なリターンが市場平均より低くなったとしても、それはそれでいい気がします」

もっとも、投資をするいちばんの目的が資産形成であることに変わりはありません。[62] **リスクをとりすぎない分散投資（資産分散、時間分散）と、資産形成のハンデとならない低コストな運用を行うのは大前提です。** また、効率的に資産をふやすために、個人型ＤＣなど、資産形成に役立つ制度は今までどおり利用していくつもりです。

下山さんは[62]、ゴールをどこに置いているのでしょうか。

「リスクをあまりとりすぎずに、今度こそ投資を継続したいです（笑）。社会のためにお金が投資されて、その結果、自分のお金もふえればいいと思っています。最終的にいくらにしたいとか、儲かったお金で旅行したいというのはあまりないですね。そうしたことは働いて実現すればいいと考えています。

コツコツ投資を実践する仲間や友人ができて、資産運用以外の場面でも交流する機会がふえました。投資を続けていくには、そうした仲間も大事かもしれませんね」

[62] **下山さんの歩み**

２００４年頃 株式投資を始める。
２００８年 リーマン・ショックで投資していたＲＥＩＴが経営破たん、株も暴落。しばらく何もする気が起きず…。
２００９年 投資信託の本などを読み始める。
２０１０年 インデックスファンドの積み立てをスタート。
２０１３年 アベノミクスで急上昇し動揺。２０１４年初に投信を売却。
２０１４年 自分のお金が働く場所についても、自分の意志で選択したいと考えるように。

投資や消費、寄付などを通じて「少しだけ」未来を考えてみる

お金に色はありません。ただ、消費でも、寄付でも、投資でも、一人ひとりが何にお金を投じるかしだいで、社会全体も影響を受けるのは確かです。

「投資も、消費や貯金と同じように、人生の中で大事なお金の使い方の1つと考えています。せっかく投資するのであれば、持続的でよい社会をつくる方向に役立てたほうが、投資のしがいもあるし、個人としてもハッピーです」と下山さんはいいます。

日々の生活の中で、お金の使い方――どこに、どうお金を投じるかを少しだけ意識してみるといいかもしれません。

たとえば、投資教育を手がけるI－Oウェルス・アドバイザーズ代表取締役社長の岡本和久さんはピギーバンク（ブタの貯金箱）[63]を使って、「ハッピー・マネー四分法」という米国生まれの考え方を伝えています。ピギーバンクには**SAVE（貯める）**、**SPEND（使う）**、**DONATE（寄付する）**、**INVEST（投資する）**という4

[63] **ピギーバンク**
ハッピー・マネー®・ピッグの「ピギーちゃん」は同社で購入することもできる。
http://www.i-owa.com/happy-money/line-up.html

つのお金の入れ口があります。子どもならもらったお金（大人なら稼いだお金）について、お金を4つに分けて管理するという考え方を学んでいきます。

消費は今自分のためにお金を使うこと、寄付は今必要な人にお金をゆずること、そして、貯蓄は将来、自分が必要なモノ・サービスを手にするためにお金を貯めること、そして、投資は未来の自分と社会のためにお金を投じることなのだと思います。「今か未来か」、「自分のためか、社会のためか」を考えるきっかけになるツールといえるでしょう。

もっとも、「環境や社会のことを考えてお金を使わなくては」と四六時中そればかりを考えていては疲れてしまいますし、現実的には難しいでしょう。無理せず、ほんの少しだけ、仮に1％でもお金の行き先を意識してお金を振り向ける、逆に、望ましいと思えない商品は買わないようにするだけでも、社会に与えるインパクトはあるのではないでしょうか。

下山さんはSRIファンドにも投資をしています。SRIはSocially Responsible Investment の略で、社会的責任投資のこと。SRIファンドは財務情報だけでなく、コンプライアンスや情報開示、環境などを考慮して投資を行う投信のことをいいます。理念はすばらしいのですが、**運用会社が出す月次レポート（運用内容や投資している資産の状況、今後の運用方針などを記載した月ごとのレポート）などをみると、中身がともなっていない商品もあります。**

投資先について独自に調査をしている会社もありますが、外部の評価機関に調査を依頼している会社もあります。たとえば、評価機関は企業にアンケートなどを実施して、その結果をもとにスクリーニングを行います。そうすると、結果的に、まんべんなくCSR活動を行える時価総額の大きな会社が評価され、投資先企業にはインデックスファンドの上位に来るような大手企業（トヨタ自動車やソフトバンクグループ、NTT、大手銀行など）が並んでいたりします。TOPIX（東証株価指数）と似たような動きになっている商品があるのも、そうした背景があります。そして、その割に手数料は高いという商品も多いのです。

商品名（とくに愛称）やイメージだけではなく、投資信託の中身や実績についてきちんと調べてから、投資をするかどうか判断することをおすすめします。

超長期で結果が出るなら、目先の下げは気にしない

沖雅之さん（40歳）
職業：会社員（システムエンジニア）。家族：妻。共働き・持ち家。趣味：旅行、讃岐うどん・カレー・YMO・Perfumeが大好き。投資歴：約15年

沖雅之さんはシステムエンジニアとして働くかたわら、2003年7月から投資に関するブログを書いています。ブログのタイトルは『〝いい投資〟探検日誌 from 新所沢』。沖さんは「いい投資＝幸せがふえる投資」と位置づけていて、投資信託を積み立てたり、個別の株を買ったりするほか、社会問題を解決する企業やNPOへの寄付、応援したい企業の商品・サービスを買うといった行動を記録しています。

そんな沖さんですが、投資を始める出発点は「いかに儲けるか」でした。

沖さんは1995年に北海道の学校を卒業して東京で就職。そのときに「**これまで**

生きてきた時間（20年）の2倍もの時間を会社で働かなくてはいけないのか…。その時間を何とか短くできないだろうか」と思ったそうです。仕事以外に収入を得る方法を考えたところ、思い浮かんだのが株式投資と競馬でした。

ちょうど会社の寮が調布、研修センターが府中にあり、定期券で競馬場に行けるという環境にあったので、まずは競馬を始めました。競馬で負けない手堅い方法を求めて日々研究。片っ端から本を読み、指数や着順、レーティングなどいろいろな方法を試しました。システムエンジニアなので、（ある予想方法を使って一定期間馬券を買った場合、どのくらいの勝率が見込めるかという裏づけをとる）バックテストもしたそうです。

「統計的に勝てる馬と、自分が好きな馬は違います。自分は馬が好きだったので、心を鬼にして好きでもない馬の馬券を買うのがだんだんイヤになってきました。そこで、前から考えていた株式投資をしようと思いました。2000年のことです。そのときに、ジェレミー・シーゲル[64]の『株式投資』や、ジョン・C・ボーグル[65]の『インデックス・ファンドの時代』をはじめ、ピーター・リンチ[66]、フィリップ・フィッシャー[67]など、投資関連の本を20冊くらい読みました。世界的に著名な米国の投資家ウォーレン・バ

[64] **ジェレミー・シーゲル**
ペンシルベニア大学ウォートン・スクール教授（金融学）。

[65] **ジョン・C・ボーグル**
投信業界大手、米国ザ・バンガード・グループ・インクの創始者。1976年に個人投資家向けに初めてインデックスファンドを提供。

[66] **ピーター・リンチ**
フィデリティ「マゼラン・ファンド」の元ファンドマネジャー。13年間でファンドの資産を700倍にした伝説の投資家。

[67] **フィリップ・フィッシャー**
もっとも成功した投

フェットのことを知ったのもこの頃です」

いろいろな本を読んでいるうちに、ITバブルが崩壊。そろそろ投資の始め時だと思い、大手証券にネット取引用の口座を開設しました。

通常の株式投資では、会社ごとに100株とか1000株といった最低取引単位（単元株数）が決まっていて、数十万円から数百万円程度のまとまったお金が必要です。当時、20代だった沖さんは、それほど潤沢な資金がなかったため、まずは単元株の10分の1単位で取引ができるミニ株（株式ミニ投資）や、低位株（株価が市場全体の水準の値段に比べて安い株式のこと）から投資を始めました。最初に株式投資に投じたお金は3万円程度だったそうです。

株式に加え、1万円から分散投資できる点に惹かれて投資信託も購入しました。当時はITに対して夢を描いていたので、IT関連株に投資する投資信託に投資。「ほんの数万円でアメリカの花形インターネット企業にまとめて投資ができるなんて！」とワクワクしたそうです（結局、購入した投信は、ITバブル崩壊後に下がり続け、投資したお金は半分以下になってしまいましたが…）。そのほか、大和投信の「アクティブ・ニッポン（武蔵）」や、日本株式や北米株式、欧州株式、アジア株式などに

資家の1人、ウォーレン・バフェットの師匠の1人であり自身も成功した投資家。

68 ウォーレン・バフェット
世界最大の投資持ち株会社として知られる「バークシャー・ハサウェイ」の会長兼CEO。長期的に企業に投資する姿勢や高い運用成績を残していることから、世界中から注目されている。「オマハの賢人」と呼ばれる。

投資する複数の投信の間で乗り換えができる「ベスト・パーティー」というシリーズから投信を選んでスポットで購入[69]しました。

その後、しばらくは毎月投資信託を積み立て、ボーナスなどでまとまったお金が入ったときには個別株を買うというスタイルで投資を続けました。

投資したお金はITバブル崩壊後しばらく含み損の状態が続きましたが、積み立て投資を継続していたところ、2004年には損益がプラスに転じました。そのときの経験から2008年のリーマン・ショックのときも淡々と積み立てを継続し、投資していた債券から大幅に値下がりした株式に投資する投資信託などに資金を振り替えた結果、利益を得ることができました。

「投資を始める前に読んだのが、長期投資を標榜するバフェットやシーゲル教授の本だったこともあり、超長期で成果が出るのであれば目先の下げは気にしない。むしろそこは買い場だというふうに洗脳されていました（笑）。

20代の、さほどお金に余裕のない時期から少額で投資を始めたこともよかったのかもしれません。最初から数百万円ものお金を投資していたら、もっとドキドキしてい

[69] **スポットで購入**
好きなときに、好きな金額を買い付ける購入方法のこと。

交付目論見書にはこんなことが書いてある

商品分類・属性区分	商品の概要がわかる
ファンドの目的・特色	投資哲学や運用方針、運用のプロセスなどが記載されている
投資リスク	基準価額の変動要因を記載
運用実績 ・基準価額、純資産の推移 ・分配金の推移 ・主要な資産の状況 ・年間収益率の推移	過去の運用実績がわかる
手続き・手数料など ・お申し込みメモ	信託期間や繰上償還などがわかる
・ファンドの費用・税金	購入時手数料、運用管理費用（信託報酬）、信託財産留保額がわかる

たと思います」

沖さんは投資信託を購入する前にじっくり資料を読むタイプです。投資信託を購入する際には「交付目論見書」という書面を読む必要があります。投資信託を設定・運用する運用会社がつくるもので、投資哲学や運用方針、リスクや過去の実績、手数料など、基本的なことが記載されています。

実際の運用状況については、運用内容や投資している資産の状況、今後の運用方針などを記載した月ごとのレポート（月次レポート）なども

公開されています。これらは、投信を運用している運用会社や、投信を販売している会社（証券会社や銀行など）のホームページなどで読むことができます。

沖さんは最初に口座を開設した証券会社で、インターネット経由で買える投資信託の目論見書と月次レポートを読み込みました。ところが、その投信がどういった運用哲学、運用方針なのかを知りたくて目論見書を読んだのに、ほとんどの投信はありきたりの文言しか並んでいなくて本当にがっかりしたそうです。

「たとえば、**日本株に投資する投資信託は、個人でも直接投資できる日本株の運用を託すのだから、『こういう投資哲学で投資する』といったもっと明確な個性があると思っていたのですが**、投資先の会社をみても似たような会社が上位に名を連ねていて、運用会社ごとの、商品ごとの個性が感じられませんでした」

ベンチマーク（目標とする指数）に勝っているアクティブファンドがほとんどないというのを知ったのもこのときです。

運用担当者の顔がみえるファンドがふえ、アクティブ運用にシフト

このあと、しばらくは信託銀行やマネックス証券といった販売会社を通じて、インデックスファンドを中心に投資を行いました。２０１０年頃までは、住信アセットマネジメントのＳＴＡＭ《スタム》インデックスシリーズ（現在の三井住友トラスト・アセットマネジメントのＳＭＴ《スマート》インデックスシリーズ）を利用。先進国株式や新興国株式、日本債券や先進国債券、先進国ＲＥＩＴのインデックスファンドを保有していました。

「２０００年に個別株の投資を始めるきっかけとなったのはピーター・リンチやバフェットの影響があります。なかでも、フィリップ・フィッシャーの『**よい企業に厳選投資してもち続ければ成功する**』という投資哲学に惹かれました。ただ現実的には会社員の自分には実践は難しいので、それを実践してくれるファンドマネジャーを探しましたが、なかなか出会えずにいました。そこで、消極的にインデックスファンドに投資していた面があります」

投資を続けるうち、日本株式については**運用担当者が何をしているのかがみえる投信が登場。徐々にインデックスファンドからアクティブファンドに切り替えていきました。**「ひふみ投信」（レオス・キャピタルワークス）については2008年から、「結い2101」（鎌倉投信）と「コモンズ30ファンド」（コモンズ投信）については2010年から投資を始めました。

先進国株式のカテゴリーについても同様です。2011年に、しばらく投資をやめていた「朝日Nvestグローバルバリュー株オープン」（朝日ライフアセットマネジメント）への投資を復活させました。この投信は設立以来、一貫したバリュー投資[70]に定評のある米国ハリス・アソシエイツ社が運用を指図。徹底した企業調査を行い、30～50社に厳選投資をするのが特徴です。

「以前はハリス社の顔がみえなかったのですが、セミナーレポートなどが公開されるようになり改善されました。この投信は決算時に分配金を出すことが多いので、非課税で再投資される個人型DCで積み立てることにしました」

現在、沖さんが保有している金融商品は次のとおりです。金融資産全体の中で、比率が高いのは「ひふみ投信」、バフェットが会長兼CEOを務める世界最大級の持ち

[70] **バリュー投資**
株式の割安度を重視する投資手法のこと。企業の利益や資産といった価値に対して、株価が割安だと思われる会社に投資する。

株会社バークシャー・ハサウェイの株式、そして、「結い２１０１」です。

直販

●**ひふみ投信**（レオス・キャピタルワークス）

●**結い２１０１**（鎌倉投信）

●**セゾン資産形成の達人ファンド**（セゾン投信）

●**コモンズ30ファンド**（コモンズ投信）

マネックス証券

●**スパークス・日本株式スチュワードシップ・ファンド**（スパークス・アセット・マネジメント）

●**朝日Ｎｖｅｓｔグローバルバリュー株オープン**（朝日ライフアセットマネジメント）

大和証券

●**大和マイクロファイナンス・ファンド**（東京海上アセットマネジメント）

フィデリティ証券（ＮＩＳＡ口座）

●**トレンド・アロケーション・オープン**（三菱ＵＦＪ国際投信）

沖さんの保有する金融商品

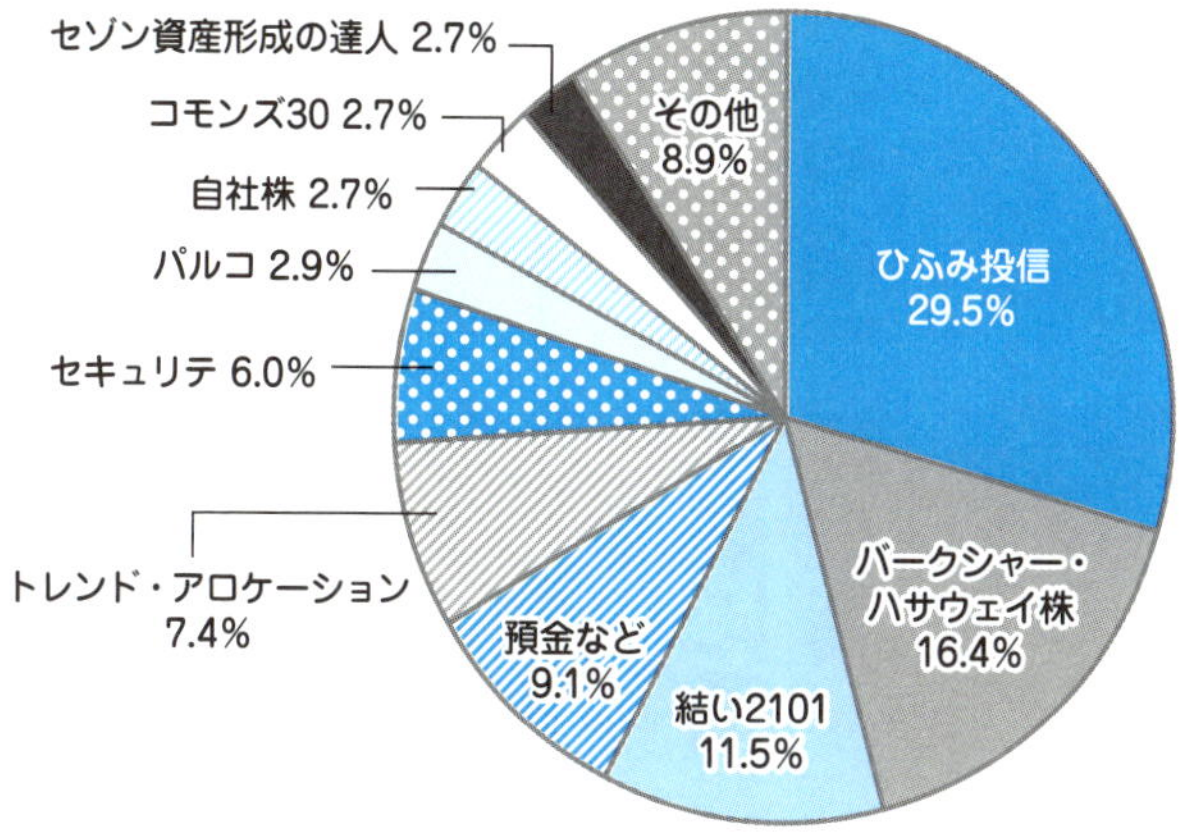

＜個人型DC＞

スルガ銀行

- **朝日Nvestグローバルバリュー株オープン**（朝日ライフアセットマネジメント）
- **インデックスファンド海外新興国（エマージング）株式**（日興アセットマネジメント）

自分の口座で運用する部分については積極的に運用をしていますが、家計のお金（毎月10万円）を運用する分についてはやや保守的な運用を心がけています。そのため、リスクを抑えた運用をめざす「トレンド・

アロケーション・オープン」（三菱ＵＦＪ国際投信）をメインに据えています。ちなみに、沖家では、家計管理は沖さんが担当。奥さんは沖さんが考えた方針、商品について説明を聞いて、納得したものに投資しています。

「将来有望な会社が大きくなるための種まき期間に、投資を通じてその会社と一緒に歩みたい。たとえ、その会社の成長に時間がかかったとしても、待ちたいと思います。そのため、同じような価値観をもったファンドマネジャーに自分のお金を運用してほしいのです」という沖さん。徐々にそうした環境が整ってきたようです。

小さくても未来に残したい会社や事業に投資

気持ちの変化もありました。1つは、上場している大企業だけでなく、小さい会社にも目を向けるようになったことです。

「小口の投資家のことも認識してくれる会社や、未来に残したい会社にも投資したいと思うようになりました。そう考えるようになったのは保有する『結い２１０１』を通して、投資先の企業に触れる機会がふえたことも影響しています。**自分のお金だけがとにかくふえればいいという考えから、社会にとって何らかの価値を生む活動をしているなら、お金がふえるスピードが多少鈍ってもいいと思うようになりました**」

たとえば、「結い2101」が投資している会社の1つにトビムシ（東京・国分寺）という林業再生の会社があります。それまで林業とは無縁でしたが、社長の話を聞いて林業や地域再生、そして日本の未来について想いをめぐらすようになりました。

もともと旅行が好きな沖さんは、積極的に現地にも足を運びます。奥さんと一緒にイベントに参加することも多いそうです。同社が林業・地域再生に取り組む岡山県西粟倉村まで「百年の森林《もり》」をみに行ったり、東京・奥多摩で東京・森と市庭《いちば》（トビムシのグループ会社）が主催する間伐体験をするツアーに参加したりしています。といっても、堅苦しいお勉強をするだけではありません。森の中を散歩したり、わさび田を見学・収穫体験をしたり、地元でとれた食材を食べながらお酒を飲んだりと、楽しい体験をしているという感覚です。

参加したツアーでの体験や、セミナーで学んだことなどは、ブログでも積極的に発信しています。オーガニックタオルやリネンなどを製造・販売しているＩＫＥＵＣＨ

沖さんの資産配分

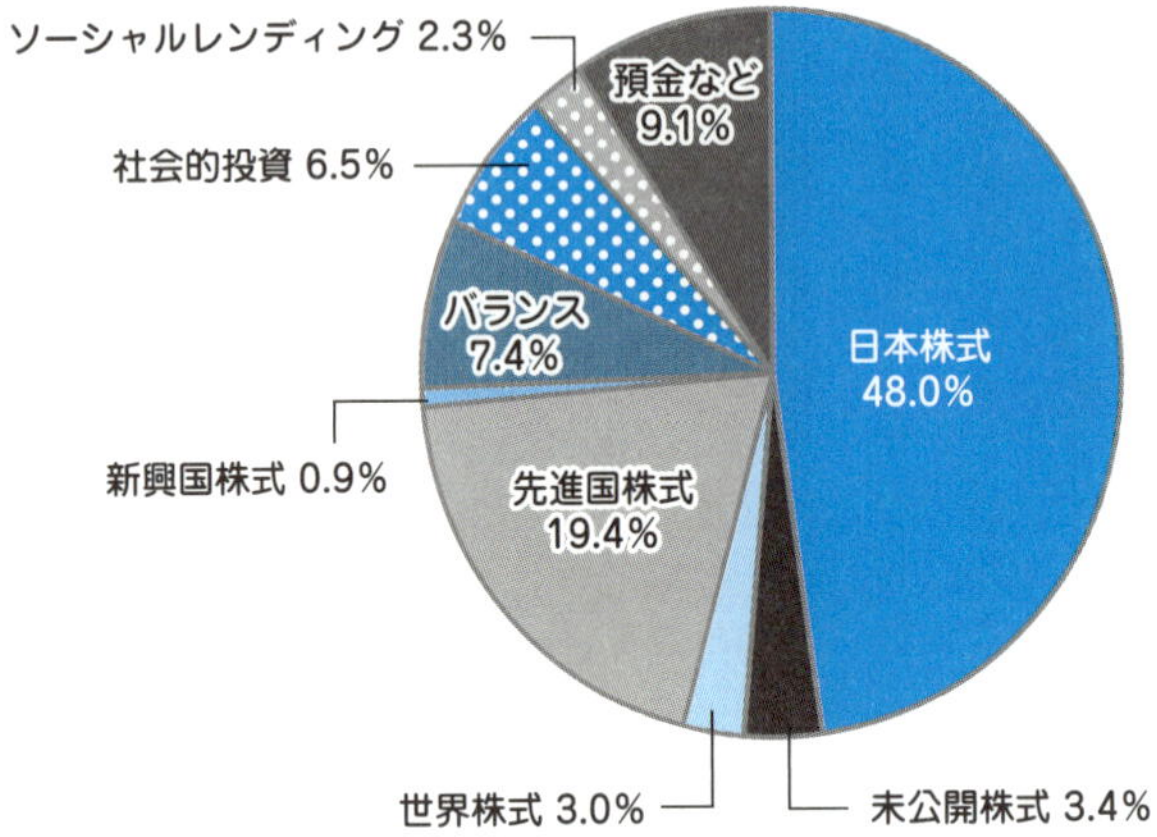

ＩＯＲＧＡＮＩＣ（愛媛・今治）の都内店舗やセミナーなどに足しげく通ううちに、商品にほれ込んで、ついにはタオルソムリエの資格をとってしまったほどです。

「自分が働いているＩＴ業界以外のさまざまな業界をみて、世界が広がりました。投資を通じて知り合いになった人もたくさんいて、生活が充実した気がします」

寄付や社会的投資もしています。寄付は２００６年から。「お金を出すことで少しでも社会が変わるなら、いいんじゃない」と奥さんにいわれたことがきっかけです。

　一方で、寄付は今お金が必要な人・ところにお金を譲るという面では有効な手段ですが、継続的に支援していくには、投資的な視点も必要なのではないかと思うようになりました。そこで、2009年からはミュージックセキュリティーズが運営する「セキュリテ」というマイクロ（少額）投資のプラットフォームを通じて、応援したい事業（プロジェクト）にも出資するようになりました。

「将来のために自分の資産をふやしたいという思いはあるし、今でも、早期リタイアしたいという気持ちもあります。ただ、若い頃とは違って、選択肢をもちたいという意識が強いです。20歳の頃は早期リタイアして遊んで暮らしたいと思っていたけれど、今は社会とつながっていたい。そう思います」

　ふつうのビジネスパーソンは、沖さん[71]ほどたくさんの投資信託を保有したり、寄付をしたり、現地に足を運んだりするのは難しいかもしれません。ただ、ほんの少し、お金の行き先を意識したり、投資している会社の経営者の話を聞いたりするだけでも、投資について身近に感じられるようになるのではないでしょうか。

[71] **沖さんの歩み**

2000年　投資を始める。ミニ株や投資信託を購入。

2004年　憧れのバフェットの会社の株主になる。

2006年　寄付を始める。

2010年　林業再生の会社に出会う。投資先企業のセミナーや、現地を訪れるセミナーなどに積極的に参加。ブログを通じてより多くの発信をするようになる。

2011年　アクティブファンド中心の運用に切り替える。個人型DCを始める。

情報開示資料をみる際、どこがポイントになる？

投資信託を購入するということは、自分のお金を託して運用してもらうわけですから、情報開示の資料はしっかり読みたいものです（215ページの図）。

「目論見書や運用レポートを読み込むのは少々マニアックかもしれません。でも、本当は、運用担当者が何をしているのか、（購入したあとも）運用哲学や運用方針に沿った運用をしているのか、といったことを、ふつうの投資家でもわかるように報告してくれたらいいのに」と沖さんはいいます。

何を考えて、どういう行動をとったかがわかれば、運用を委託している側としては納得できるし、納得できなかったときには解約するきっかけにもなるからです。

前述の5つのP（184ページ）でいえば、①投資哲学と②投資スタイルについては、交付目論見書の「委託会社情報」や「ファンドの目的・特色」のところに記載されています。懇切丁寧に説明が書かれている投信もあれば、それほど詳しく書かれていな

投資信託のチェックでは何をみたらいいの？

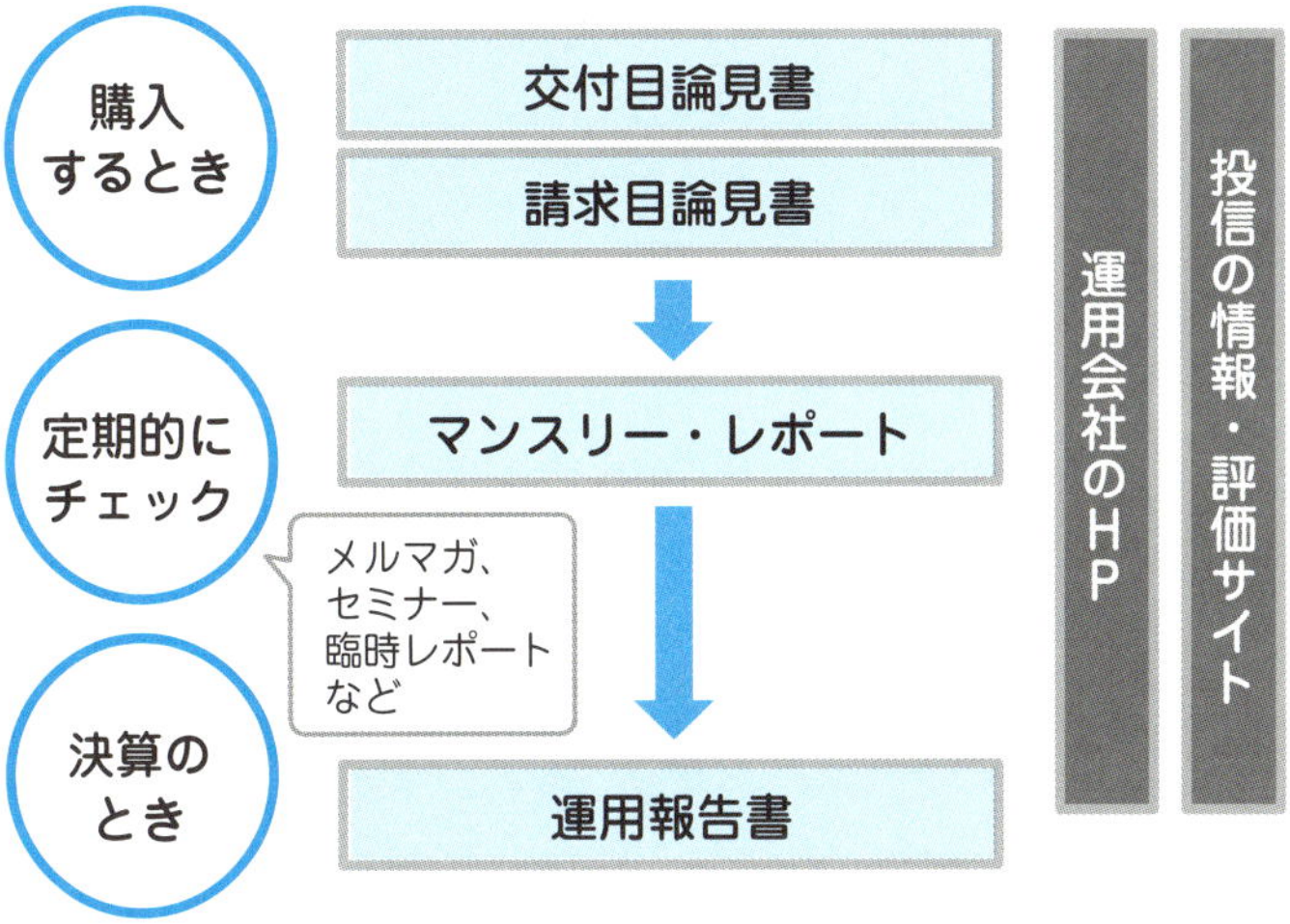

い投信もあります。さらに詳しい説明は請求目論見書の「第二部ファンド情報」の「投資方針」に記載されています。

また、ホームページにも、①投資哲学や②投資スタイル・運用プロセスなどが記載されている会社もあります。

③ポートフォリオについては月次レポート、運用報告書などで中身を知ることができます。

④人材については、ホームページに社長や運用担当者の写真や経歴などを記載している会社もあります。

また、月次レポートで、運用担当者

が名前を出して現状について解説したり、新しい投資先を選んだ理由・売却した理由を説明したり、今後の方針を語ったりしているケースもあります。こうした開示姿勢には注目したいものです。

⑤運用実績は運用報告書を読んだり、投資信託の評価会社のサイトで確認したりしましょう。アクティブファンドはトータルリターン[72]やインフォメーションレシオ[73]などを参考にします。ただ、成績は過去のものなので、成績だけをみて購入を決めるのはやめたいもの。**あくまでも①から④を含めたトータルで判断しましょう。**

また、セゾン投信やレオス・キャピタルワークス、鎌倉投信、コモンズ投信などのように、投信の直販をしている運用会社の中には投信の説明会などを行っている会社もあります。目論見書などを読んでわからないことがあれば、参加して積極的に質問してみてもよいでしょう。

72 **トータルリターン**
キャピタルゲイン・ロス(値上がり益または損)と分配金などのインカムゲインを総合的にみた収益のこと。

73 **インフォメーションレシオ**
投資信託の運用成績を測るための指標の1つ。数値が大きいほど、とったリスクに対して(ベンチマーク=目標とする指数=比で)超過リターンが高く、効率的に運用していることを示す。

第6章

コツコツ投資を始める前に押さえておきたい7つのこと

Q1 さっそくコツコツ投資を始めてみたいのですが

A 健全な財務体質をつくることが大切

長期的に金融資産をふやすには、「しっかり働く（＝本業で稼ぐ）」「上手に使う（＝支出を抑える）」「計画的に貯蓄＋投資をする」という3つのバランスが大切です。まずは本業でしっかり稼ぐこと。そもそも稼ぎがなければ、貯蓄や投資に回すお金をつくることはできません。収入をふやす努力も必要ですし、長く働くためのスキルアップや健康づくりも大切です。結婚していれば「共働きをする」という視点も必要でしょう。1人の稼ぎに頼るよりも、2人で稼いだほうが、失業や病気といった予期せぬ事態が起こったときのリスク分散にもなります。

ただ、収入の多い家庭が着実に金融資産をふやしているかといえば、必ずしもそうではありません。収支や資産と負債のバランスが悪い場合、その理由の多くは支出にあります。まず、生涯を通じた大きな支出については慎重に検討する必要があります。

浮いたお金を貯蓄や投資に回す

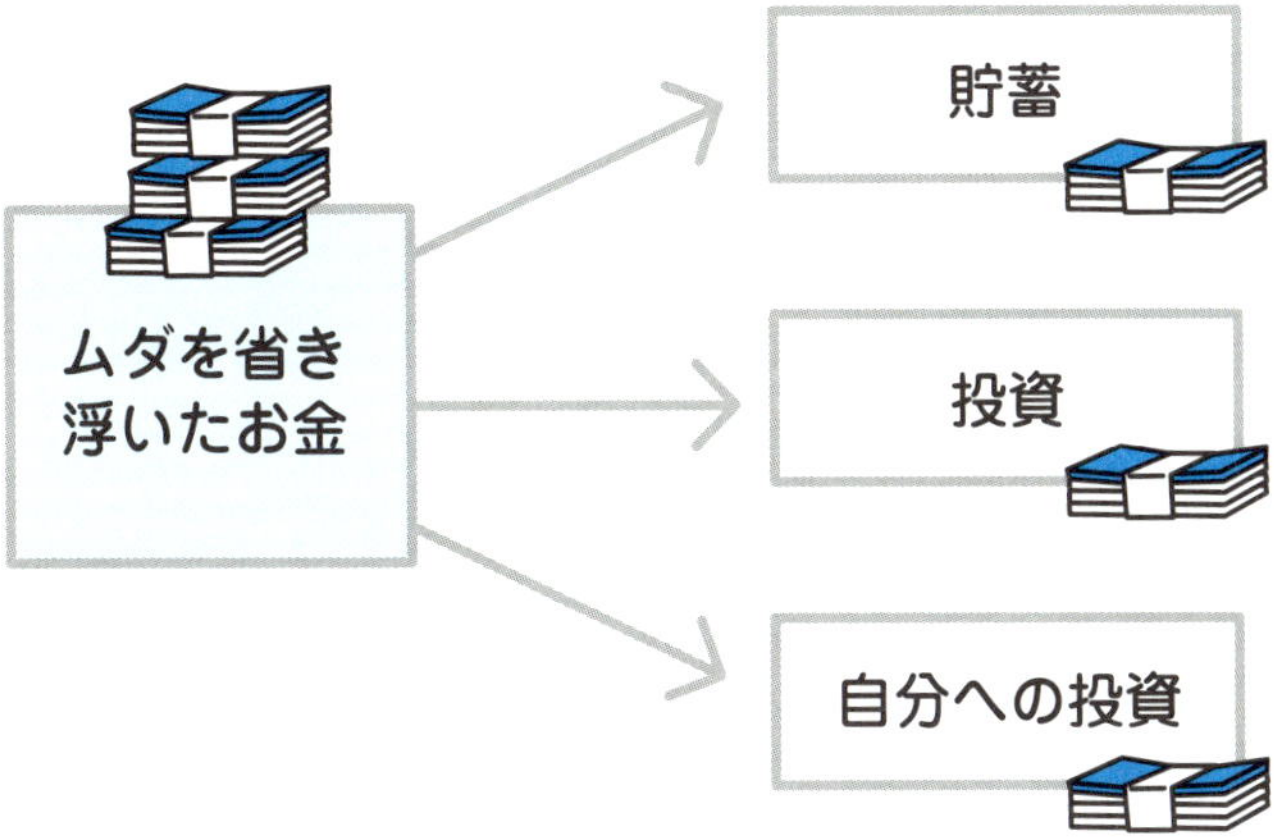

たとえば、

- 住宅 → 若いうちは賃貸を選択肢に入れる。購入する場合は予算・返済計画をしっかり立てる
- クルマ → 都市部の人は所有しない。地方の人はコスト削減を
- 保険 → 必要な保障に絞り、なるべく入らない
- 教育費 → どこまで出すかを検討

といった具合です。

とくに住宅などは金額が大きいだけに、身の丈を超えた多額のローンを組んでしまうと、ほかに必要なお金（教育費や老後に向けた資産形成

など）に振り向ける分が少なくなってしまいます。

今回、取材でお会いした人の中にも家を購入している人はいましたが、「築浅の中古物件を購入した」「価値が下がりにくい場所を選択した」など、場所や購入金額などにこだわっている人が目立ちました。

もう1つが家計管理です。インデックス投資をコツコツ続け、金融資産1億円を達成したybさん[74]（ハンドルネーム・42歳）は、その辺の管理が徹底しています。ybさんは共働きですが、「夫婦のうち、少ないほうの収入の範囲内で暮らす（支出を抑える）」「サイフを1つにまとめる」ことで、世帯収入の約6割を貯蓄や投資に回しているそうです。

ふつうの人は、世帯収入の6割を貯蓄や投資に充てるのは難しいですが、貯蓄や投資に振り向けるお金が多ければ、当然、資産形成のスピードを速めることができます。

[74] ybさん
ブログ『Passiveな投資とActiveな未来』を運営。共働きの妻と娘の3人家族。

Q2 1円たりともお金を減らしたくありません。どういう投資なら可能ですか？

A それは無理です。そう考える人は、無理して投資する必要はありません

投資をすることとは、「値動きのある」世界を受け入れることです。投資対象の価格は変動しますし、投資したお金の総額もふえたり、減ったりします。短期的に「1円でも減るのはイヤ」と思うのであれば、無理に投資をする必要はありません。一生懸命に仕事で稼いで、支出を抑えることで、金融資産を築くという選択肢もあります。

投資歴8年で、毎月3万円の投資信託を積み立てている作業療法士の深田陽子さん（仮名・32歳）は祖父母や母親が投資をしていたので、投資を始めることにまったく抵抗がなかったそうです。ところが、妹さんは「臆病なタイプで、投資にもまったく関心がない」のだとか。同じ環境で育っても、投資に対する興味・関心のもち方、リスク許容度は異なります。「その人の性格にもよりますが、値動きをみて毎日おびえて暮らすくらいなら、無理にやらなくてもいいのでは」と深田さんはいいます。

本書に登場する大部分の人たちは「投資してよかった」といっていますが、第5章に登場した不動産鑑定士の下山さんは、取材時に「仕事をしてそれなりの収入があれば、無理に投資しなくてもいいのでは。投資しなくてはいけない、というのはちょっと違う気がします」と発言していました。

投資をするか否かを最終的に判断するのは自分です。ただし、食わず嫌いはもったいないので、こういう世界もあるということは知ってほしいと思います。そのうえで、少し投資を取り入れてみたいと思えば、無理をせず、金融資産のうち5％とか10％といった少ない金額から試してみればよいのです。

知ったうえで「投資をしたくない」と考える人は無理をする必要はありません。巷では「老後破産」「下流老人」など将来の不安をあおる言葉があふれていますが、そうしたイメージに踊らされることなく、自分で考えて判断することが大切です。

ただし、投資をしない選択をした場合でも、一般の銀行の普通預金に預けっぱなしにするのではなく、金利が一般の銀行よりも高いネット銀行の定期預金や、個人向け国債（変動10年）、ＭＲＦ（マネー・リザーブ・ファンド）などを利用することは検討してみてください。

Q3 投資したお金はどれくらいふえたり減ったりするのですか？

A 数字をみてブレ幅をイメージできるようになりましょう

投資の世界におけるリスクとは「期待されるリターンからどれくらい離れる可能性があるか」ということで、要は**「期待リターンからの変動幅」**を指します。つまり、期待リターンよりも上にも、下にもブレるのがリスクなのです。その変動する幅が大きければハイリスク、変動幅が小さければローリスクです。

225ページの上図は、国家公務員の年金を運用する、国家公務員共済組合連合会（KKR）が資産配分を作成するときに前提にしている、各資産の期待リターンとリスクの数値です。ここでいう「期待リターン」というのは**「過去の数字などをもとに検討した結果、これくらいのリターンが見込めるだろう」**という意味です。

たとえば、国内株式の期待リターンは4・2％。仮に100万円を長期的に投資した場合、ならすと1年に4万2000円程度の収益を得られそうだという意味。[75] 同様

[75] **収益を得られそうだという意味**
手数料や税金などは考慮していない。

に、期待リターンが6％であれば6万円。これだけに注目すると、「期待リターンが高い金融商品に投資したほうが儲かりそうだ」と思うでしょう。

ところが、リターンには必ずリスクがセットでついてきます。左の上図をみると、国内株式のリスクは18％となっています。ちょっと難しいのですが、国内株式に投資すると長期的には4・2％の収益が期待できるものの、統計的には約96％の確率で目標とする4・2％から上にも下にも18％の2倍（36％）は変動する可能性がありますよという意味になります。つまり、マイナス31・8％からプラス40・2％の幅で変動する可能性があるのです。投資したお金が大きくふえる可能性もある代わりに、大きく減ることもあるというわけです。

逆に、国内債券などは期待される収益は1％とそれほど高くありませんが、リスクも2％と小さいので、収益のブレも少なくなります。つまり、大きく儲けられない代わりに、大きく損をする可能性も低いということです。

おおまかな目安として「期待リターン±（リスク×2倍）」くらいは変動する。そして、一生のうち何度かは起こる大暴落・大暴騰まで考えると「期待リターン±（リスク×3倍）」くらい動くとイメージしておくといいでしょう。

各資産の期待リターンとリスク

	期待リターン	リスク
国内債券	1.0%	2.0%
国内株式	4.2%	18.0%
外国債券	1.8%	10.0%
外国株式	5.0%	20.0%

※国家公務員共済組合連合会（ＫＫＲ）「基本ポートフォリオの見直しについて／付属資料（H25.10.18）」より作成。期待リターンはビルディングブロック方式により決定、リスクは代表的な指数を使用。国内債券はNOMURA-BPI（総合）、国内株式はTOPIX（配当込み）、外国債券はシティ世界国債インデックス（除く日本、ヘッジなし、円ベース）、外国株式はMSCI KOKUSAI（円ベース、配当込み）

このくらいは上下に変動する

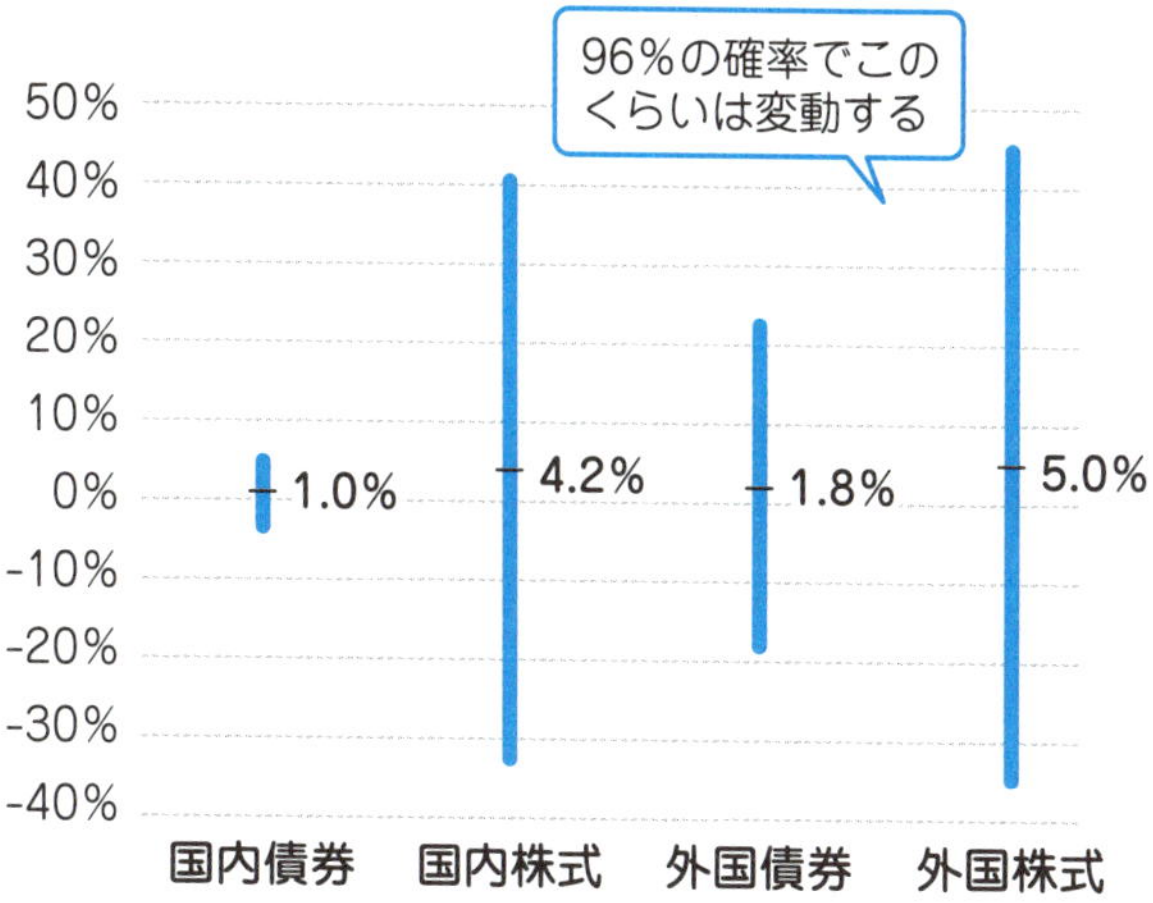

Q4 コツコツ投資は「どこで」始めたらよいですか?

A ネット証券が第一候補になります

おおよその資産配分と積み立てる商品を決めたら、証券口座を開設する必要があります。インデックスファンドやバランス型投信を中心にコツコツ投資を実践するなら、大手ネット証券に口座を開設することをおすすめします。

たとえば、SBI証券や楽天証券、マネックス証券などが候補になります。ネット証券は銀行や証券会社の窓口で購入するのに比べて、コストの安い商品を扱っていたり、同じ投信を買う場合も購入時手数料が安かったりします。

とくに日中仕事をしている現役世代は、ネット証券の利用をおすすめします。いくつもの証券会社に口座をもって資産を管理するのは大変ですから、比較検討したうえで、1つの会社を選びましょう。

NISA口座を活用する場合には、同時に、NISA口座の使い勝手も調べておいたほうが安心です。口座を開設するには、ホームページにアクセスして、「口座申込書」を取り寄せます。画面の指示に従って、名前や住所などの連絡先を入力して送信すると、後日、口座開設の書類が郵送されます。入力した情報が印字されていることが多いので、内容を確認のうえ捺印し、身分証明書のコピーを添えて送り返すと口座を開設することができます。

わからないことがあった場合には、カスタマーセンターなどに電話で問い合わせると、丁寧に対応してくれるはずです。

最近は、ネット銀行をはじめ、都市銀行や地方銀行のインターネットバンキングでも、購入時手数料のかからない（ノーロードの）インデックスファンドなどを購入できるケースがふえました。「インデックスファンドを中心に運用したい」「株式投資やＥＴＦ（上場投信）への投資は考えていない」「管理する口座をふやしたくない」という人は、銀行で投資するというのも選択肢の1つになります。給与振込口座に指定している銀行で取り扱っている投資信託を一度調べてみてください。なお、運用会社が直販をしている投信を購入する場合、運用会社に口座を開設する必要があります。

Q5 コツコツ投資を続けるコツは？

A 「ルール化」「自動化」、そして話せる仲間をもつこと

コツコツ投資を始めたら、できるだけ長く保有し、頻繁に売買しないことが大切です。けれど、株式市場が暴落して保有している投信の価格が大きく下がってしまうと、不安になってしまう人も多いもの。２００８年のリーマン・ショック直後は、大きな値下がりにあわててしまい、パニック売りをした人もいました。

①ルールをつくる

感情で考えると、下がるとこわくなってしまいます。きちんとルールを決めて、それを淡々と実行するのが一番です。第2章でもご紹介したように「投資方針書」（94ページ参照）を作成し、不安になったときにはそれを読み返すと効果があります。

②自動化する

投資をする際には今ある金融資産の一部を投資に振り向ける方法と、これから入っ

てくる収入の一部を投資に振り向ける方法（＝積み立て投資）があります。

積み立て投資については、毎月銀行口座から自動的に引き落とされて、投信を買っていくシステムを一度つくってしまうと、手間がかかりません。

また、相場が大きく下がったときに購入するのはこわいと思ってしまいますが、積み立てなら、下がったときでも自動的に購入していくことが可能です。

③情報交換できる仲間をつくる

たまには、仲間と情報交換できる場に足を運んでみるのもいいでしょう。たとえば、私は投信ブロガーのｒｅｎｎｙさん、『投資信託事情』の発行人・編集長の島田知保さんと一緒に「コツコツ投資家がコツコツ集まる夕べ（東京）」という会の幹事をしています。[76]資産形成をめざす個人投資家さんの懇親の場を設けようという目的で、２０１０年６月から月に１回開催しています。

相場が暴落したときに不安になって、せっかく始めたコツコツ投資をやめてしまう人をよく目にし、「不安なときに仲間と語り合える場があったらいいな」と思ったのも会を始めた大きな動機です。今では北は札幌から南は沖縄まで、全国各地の有志の皆さんが同じ趣旨のイベントを開催してくれています。

[76] Facebook「コツコツ投資家がコツコツ集まるファンページ」あり。幹事は全員ボランティア。https://www.facebook.com/k2k2toushi

Q6 資産配分を決めろといわれても難しいです

A 最初から完璧をめざさなくてもいい

第1章42ページの図（組み合わせのヒント）は、株と債券をさまざまな比率で組み合わせた場合のリスクとリターンの変化を示しています。株式の比率を高めていくとリターンは高まりますが、同時にリスクも上昇することがわかります。あくまでも過去のデータですが、比率を考えるうえで参考になるはずです。

その際、長期的に投資できる方は、株式の比率を高めに設定してもいいでしょう。たとえば、株式と債券の比率を「7：3」とか「8：2」にする。そして、日本株4、先進国株4、新興国株2の割合にするといった具合です。理論上は、長期的にみれば株式だけを積み立ててもよいですが、長期間積み立てる間には株価が大きく下落することもあるので、少し債券を入れておくのも選択肢の1つです。

ネット上で読める、「長期投資仲間」通信『インベストライフ』[77]の参考データ・コー

[77] インベストライフ
I-Oウェルス・アドバイザーズ発行、月1回更新・無料。http://www.investlife.jp

ナーでは、モデルポートフォリオのパフォーマンス（トータルリターンや1万円ずつ積み立てた場合の騰落率）をみることもできます。[78]

第2章のセロンさんは「最初は誰かの資産配分をマネするところから始めてもいいのでは」といいます。今はインターネットなどで、経済評論家やファイナンシャルプランナー（FP）、個人投資家さんなど、さまざまな人たちの資産配分が公開されています。自分の属性や考え方に近い人を選んでまずはマネしてみるのも1つの選択肢です。

有料でFPなどに相談する方法もあります。投資する期間やリスク許容度などを踏まえたうえで、資産配分を提案してもらいましょう。[79] 最初から完璧をめざす必要はなく、投資をしながら徐々に自分に合った資産配分になっていけばよいでしょう。

また、資産配分を考えるときには、金融資産だけでなく、人的資本（将来の稼ぎ力）も含めて考えるという視点も必要かもしれません。たとえば、自営業やフリーランスの方のように、毎年の稼ぎ力のブレが大きい方は、投資に回す資金の比率を抑えたり、株式の比率を抑えて債券の比率を高めたりといったことも検討しましょう。

逆に、安定した仕事についている方は積極的にリスクをとることも可能です。

[78] **みることもできます。** データ提供はイボットソン・アソシエイツ・ジャパン、投信まとなび。

[79] **提案してもらいましょう** FP資格だけだと商品の提案をしてもらうことはできません。投資助言業の登録が必要です。

Q7 過去に積み立て投資を行っていたら、結果はどうなりましたか？

A 過去20年では積み立て総額を上回る結果に！

仮に1995年10月末から2015年10月末まで20年にわたって、3つの組み合わせ（①債券70％と株式30％、②債券50％と株式50％、③債券30％と株式70％）で毎月3万円ずつ積み立てを行ったとします（いずれの組み合わせも債券は国内と先進国に均等配分、株式は日本、先進国、新興国を2：2：1の比率に配分。1年に1回10月末にリバランス）。

結果はどうなったでしょうか。左の図をご覧ください。毎月3万円を20年間積み立てると、投資元本は720万円になります。それぞれの組み合わせで積み立て投資を行った結果は次のとおりです。

①債券70％と株式30％　↓　1268・9万円

②債券50％と株式50％　↓　1359・5万円

3つのポートフォリオに毎月3万円を積み立て投資した場合の推移と、積立額の推移

1995年10月末～2015年10月末

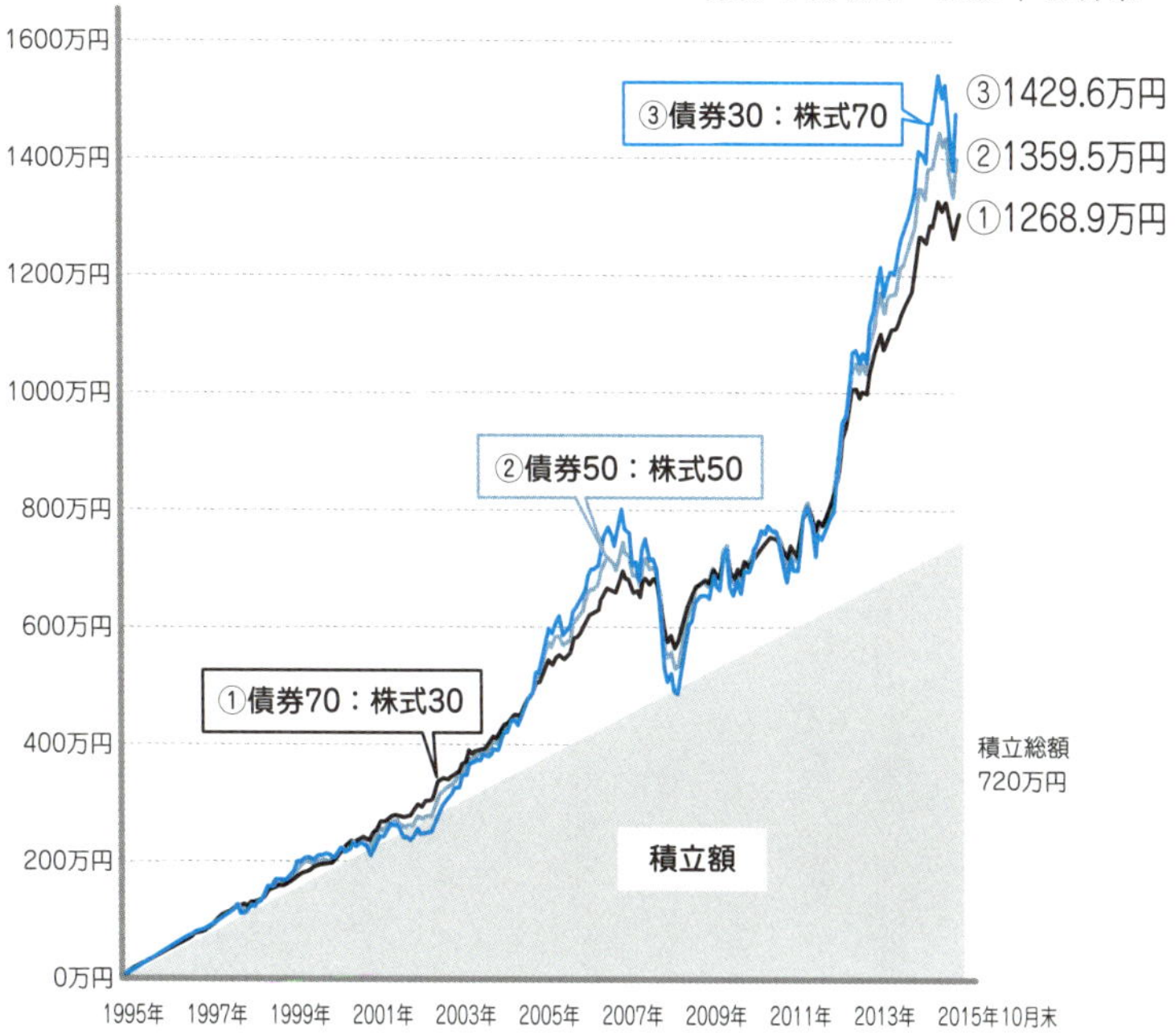

※債券は日本と外国（先進国）に均等配分、株式は日本：先進国：新興国を2:2:1の比率に配分している。

※1995年10月末から3つのポートフォリオに毎月末3万円を積み立て投資した場合の、資産額の推移を示している。また、各ポートフォリオの資産構成割合で毎月積み立て投資した場合。毎年10月末にリバランスを行っている。

＜出所＞日本債券：野村BPI総合、外国債券：シティ世界国債（除く日本、円ベース）、国内株式：東証一部時価総額加重平均収益率、外国株式：MSCIコクサイ（グロス、円ベース）、新興国株式：MSCIエマージング（グロス、円ベース）

③債券30％と株式70％　→　１４２９・６万円

組み合わせによって値動きは異なりますが、**いずれも積立総額を上回る結果になっています。**とくに株式の比率が高い③の組み合わせでは、資産が投資元本の約2倍にふえていいます。もっとも、その分値動きも大きく、２００８年から２００９年にかけては世界的な株価の急落を受けて、８００万円程度までふえた資産が一時的には５００万円を割り込んでしまいました。

積み立て投資の成果は２０１５年10月末時点のものです。日本や米国などの先進国では株式市場が堅調なこともあって、よい結果が出ています。グラフをみると、長期的に資産は右肩上がりにふえていますが、一時的に元本を下回った時期もありますし、資産額が大きく減った時期もありました。また、積み立て投資を開始して数年間は（投資元本も少なく）積立額に対する運用の影響はそれほどありませんが、長期になるほど影響が大きくなるのがわかります。

こうしたことを踏まえたうえで、無理のない範囲で、地域や資産を分散して、コツコツ積み立て投資を行うことを検討してください。

おわりに　あなたも「コツコツ投資家」になろう！

「お金との付き合い方や投資スタイルは、その人の性格や価値観に収れんしていくのだな…」。取材を重ねるうちにあらためてそう感じました。

投資を続けるうちに、投資スタイル（インデックス運用だけでいくのか、一部個別株やアクティブファンドを保有するのかなど）や、購入方法（積み立てだけでいくのか、スポットで購入するのかなど）、生活の中で投資にどの程度時間をかけるのか――など、投資とのほどよい付き合い方がみえてくるのだと思います。

もちろん、「長期・分散・低コスト」といった投資の基本はきちんと押さえる必要がありますが、そのうえでどこまで幅をもたせるかは人それぞれ。その人にとって、生活の中に取り入れやすい、継続しやすいところに落ち着けば、よいのではないでしょうか。

さて、私自身は投資とどう付き合っているかといえば、

● バランスシートは「マネーフォワード」を利用

- 資産形成のコア（中核）は、ローコストなインデックスファンドやETFを活用し、株式を中心に国際分散投資
- 基本は毎月コツコツ積み立て（暴落時には買い増すことも）
- 日本株については、個別株やアクティブファンドも保有
- 個人型DCや小規模企業共済など、税優遇のある制度は積極的に利用

というかたちに今は落ち着いています。投資は第一に資産形成の手段なので、合理的に考えれば、低コストのインデックスファンドやETFを組み合わせた運用に徹すればよいでしょう。私も大部分はそうした運用をしていますし、多くの人はそれで十分だと思います。ただ一方で、市場全体にまんべんなく投資するインデックスファンドを買うと、応援したくない企業にもお金が行くというジレンマもあります。

そこで、日本株については、商品やサービス、理念に共感できる企業の株を購入したり、184ページに挙げた5つのPを検証して自分なりに納得できるアクティブファンドを保有したりしています。ほんの少しですが、寄付もしています。

また、ライフワークの1つとして、2010年6月から毎月1回続けているのが、第6章でも触れた「コツコツ投資家がコツコツ集まる夕べ（東京）」という交流会で

す。以前、一緒に幹事を務める投信ブロガーのrennyさんが個人向けメディアサービスnote《ノート》で「コツコツ、じっくりと投資・資産運用を継続する個人投資家の裾野を広げていく場でありたい」と書いていましたが、私も同じ気持ちです。そのほか、「1億人の投信大賞」の選定に関わったり、「投信ブロガーが選ぶ！ Fund of the Year」の運営をボランティアとしてお手伝いしたりしています。

最後に謝辞を。本書の執筆にあたっては、プレジデント社プレジデント編集部の濱村眞哉さんに大変お世話になりました。取材に際してはコツコツ投資家がコツコツ集まる夕べの札幌、函館、所沢、女子部（横浜）の幹事の皆様のお力添えをいただきました。また、多くの方々に取材にご協力いただきました。誌面の関係上、すべての方のお話を掲載できませんでしたが、この場を借りて、あらためて御礼申し上げます。

投資は人生のメインではありません。幸せになったり、楽しく暮らしたりするための手段です。だからこそ、生活の中に取り入れて、うまく付き合っていきたいもの。

本書を通じて、生活の一部に「投資」も少し取り入れてみよう、と思っていただけたら幸いです。

竹川　美奈子

投資を始めるときに読んでおきたい本

投資信託を活用して資産形成を始めたい

『全面改訂 超簡単 お金の運用術』（山崎元著、朝日新書）

『忙しいビジネスマンでも続けられる 毎月5万円で7000万円つくる積立て投資術』（カン・チュンド著、アスカビジネス）

『一番やさしい！一番くわしい！はじめての「投資信託」入門』（拙著、ダイヤモンド社）

投資や金融のしくみについて知りたい

『投資家が「お金」よりも大切にしていること』（藤野英人著、星海社新書）

『ソーシャルファイナンスの教科書 「社会」のために「あなたのお金」が働くということ』（河口真理子著、生産性出版）

インデックス運用について学びたい

『ウォール街のランダム・ウォーカー』（バートン・マルキール著、日本経済新聞出版社）

『敗者のゲーム』（チャールズ・エリス著、日本経済新聞出版社）

『マネーと常識』（ジョン・C・ボーグル著、日経BP社）

〈投資の前に〉健全な家計をめざしたい

『私の財産告白』（本多静六著、実業之日本社文庫）

『あなたのお金を「見える化」しなさい！』（拙著、ダイヤモンド社）

重要事項（ディスクレイマー）

- 本書に含まれる情報に関しては、筆者が信頼できると判断した情報をもとに作成したものですが、その内容および正確性、完全性、有用性について保証するものではありません。また、本書に記載された内容およびデータは2015年9月末時点において作成されたものであり、予告なく変更される場合があります。

- 本書における情報はあくまで情報提供を目的としたものであり、推奨・勧誘を目的としたものではありません。個別の商品の詳細については金融機関に直接お問い合わせください。

- 情報の利用の結果として何らかの損害が発生した場合、著者および出版社は理由のいかんを問わず、責任を負いません。投資対象および商品の選択など、投資にかかる最終決定はご自身の判断でなさるようお願い致します。

42ページの図、233ページの図について

- 当資料は研修を目的としてイボットソン・アソシエイツ・ジャパン株式会社が作成したものであり、いかなる投資の推奨・勧誘を目的としたものではありません。

- 当資料は、各種の信頼できる情報に基づき作成しておりますが、その正確性・完全性を保証するものではありません。

- 当資料の中で記載されている内容、数値、図表、意見等は当資料作成時点のものであり、将来の成果を示唆・保証するものではありません。

- 当資料の中で記載されている数値・図表等において、利息・配当は再投資したものとし、取引に係る手数料・税金は考慮しておりません。なお、各種インデックスに直接投資することはできません。

- 当資料はイボットソン・アソシエイツ・ジャパン株式会社の著作物です。イボットソン・アソシエイツ・ジャパン株式会社の承諾なしの利用、複製等は損害賠償、著作権法の罰則の対象となります。

竹川美奈子（たけかわ・みなこ）
LIFE MAP,LLC代表／ファイナンシャル・ジャーナリスト。出版社や新聞社勤務などを経て独立。2000年ＦＰ資格を取得。取材・執筆活動を行うほか、投資信託や個人型確定拠出年金、マネープランセミナーなどの講師も務める。「1億人の投信大賞」選定メンバー、「コツコツ投資家がコツコツ集まる夕べ（東京）」幹事、「投信ブロガーが選ぶ！Fund of the Year」運営委員などを務め、投資のすそ野の拡大に取り組んでいる。『新・投資信託にだまされるな！』『最新版！税金がタダになる、おトクな「NISA」活用入門』『一番やさしい！一番くわしい！はじめての「投資信託」入門』（以上、ダイヤモンド社）ほか、著書多数。

臆病な人でもうまくいく投資法
お金の悩みから解放された11人の投信投資家の話

2016年 3月1日　第一刷発行

著　者　竹川美奈子
発行者　長坂嘉昭
発行所　株式会社プレジデント社
〒102-8641
東京都千代田区平河町2-16-1 平河町森タワー13F
http://president.jp　http://str.president.co.jp/str/
電話　編集（03）3237-3737
販売（03）3237-3731
装　丁　鈴木大輔・江崎輝海（ソウルデザイン）
本文デザイン・DTP・本文図・イラスト
ムーブ（新田由起子、徳永裕美）
編　集　濱村眞哉
制　作　小池哉・田原英明
印刷・製本　株式会社ダイヤモンド・グラフィック社

ISBN978-4-8334-5088-1
Printed in Japan
落丁・乱丁本はおとりかえいたします。